U0133560

聲韻學表解

劉　　頤著

文史哲出版社印行

國家圖書館出版品預行編目資料

聲韻學表解 / 劉賾著. -- 初版. – 臺北市：文史哲, 民21

面： 公分.

ISBN 957-549-550-0 (平裝)

1.中國語言 – 聲韻

802.402 93004243

聲韻學表解

著 者：劉 賾
出版者：文史哲出版社
http://www.lapen.com.tw
登記證字號：行政院新聞局版臺業字五三三七號
發行人：彭正雄
發行所：文史哲出版社
臺北市羅斯福路一段七十二巷四號
郵政劃撥帳號：一六一八〇一七五
電話886-2-23511028 · 傳真886-2-23965656
實價新臺幣 二八〇元
中華民國二十一年(1932)五月初版
中華民國九十三年(2004)四月 BOD 初版再刷

版權所有 · 翻印必究

ISBN 957-549-550-0

聲韻學表解

章炳麟署

聲韻學表解題辭

廣濟劉生事黃侃季剛於余爲再傳弟子著聲韻學表解求余是正余方以鼻疾自劓血流未已未暇詳視也生好學言古今韻能得大體是書則以教授學子者曲有條理最便初學他日數學相長所得必又有過於此者余雖老願觀其成也民國二十一年五月章炳麟

聲韻學表解

中華民國廿一年三月為博平署

蘄春黃侃

敍

敍曰。昔人分語言文字之學爲三，一曰形體，二曰訓詁，三曰音韻。其實三者雖分，仍同一體，譬之束蘆，相依而住矣。三者之中又以音爲之關鍵。蓋先民之世，文字未作，以音表義。書契既興，始依音義而構字形。形體已具，猶以音爲主，故音同者恆相通用，不必書其本字。後世概謂之假借，稱以爲未達其原。然則音不明，形義卽無由憭。故聲韻學者通語言文字之階路也。治其業者，莫盛於有清一代。自顧江戴段以來，遞相闡發，後出益精，至今日遂炳焉爲完全獨立之學科。然或偏於考古，於審音之道有所未詳，或陳義簡深，非初學之士所能窺曉。欲求一溝通古今，宜於入門之作，不可得也。且最近學者所探討，爲前人所未及知者亦衆。本師蘄春黃君承餘杭章君之業，集古今音學之大成，海內言聲韻者，莫不以爲圭臬。余以愚昧，得聞緒言。年來教於上庠，恆據其說以爲講習之資，諸生聞之，靡不歡悟。茲復引伸排比，參合衆家之論，立爲表解。夫聲韻之理既微，喉舌之變復衆，不得口授，理會綦難。今以圖說兼明，力求精顯，方法與理論並重，分爲上下兩篇。上篇以明今音，下篇以明古音，本末一貫，由淺入深。明語言之構成，尋聲韻之流變，務在使學者能憭諸心而宣諸口。至於考辨原流之言，較量異同之論，無當音理，有病支離，概不紛陳，以歸約易。聊欲以曉初學立語言文字之始基而已。抑聞餘杭章君有言曰：『夫古音者，其人與骨俱朽矣，不能招之與晤言也。今音者陸慈孫愐之書韻紐畢備，於今方域殊言，未有能盡其聲者也。勞心於是何爲哉。不明古音，則文字形聲不可知，而於聲類假借多惑，則訓故無以理。不明今音，則韻部聲紐不能得其都數，於北方之無入聲，閩粵滇黔之無撮口者，皆以爲音理本然，且或以誣古矣。是故審音者將以有所施也。雖然，今之人固不欲求古訓，淺者且取異域侏離之語以求古音，前者廢棄以自荒，後者傅會以滋謬，學校雖以音韻列科，徒文具耳。』謹案語言文字爲吾人日用所不能須臾離之物，世人誤以音學爲攻治故籍之專業，往往心聲心畫鄙夫孺子能言其音，而士人不能舉其字，有能舉其字者又不能籀其義，且誤讀其音。吾實罕見學人能讀數十字之文辭而音讀不惝怳者，遑問其能知假借理故訓哉。行見文言日以分馳，而俱卽於鄙倍皆窳而已。今之言發揚民族或整理國故者鮮知及此，可不謂忘其本實耶。不佞之爲是書，竊欲以爲大學教程或學者自修之用，苟能循序勉進，則字無遁音，音有其義，審音考古不離一貫，語言訓故非有二途，徒文具之弊亦可幸免也歟。民國二十一年一月，廣濟劉　賾泰玄父記於武漢大學。

目錄

上篇　今音之屬

下篇　古音之屬

聲韻學表解

上篇　今音之屬

一　音之構成

中華文字，世稱單語，一字即具一音。而一音之構成，實含二要素，試將一音緩呼之，必先於其所從發之處作勢，而後收入於喉，始得成響。（音所從發之處如在喉，亦有作勢與收入之異。）僅一作勢而不收入於喉，則音不能出。故凡一音之出，顯分上下兩段，其所從發而作勢（即上段）

聲	韻
音	

謂之聲，其收入於喉（即下段）謂之韻。聲與韻相合爲音。例如讀一喉音「烘」字，其始發如呵氣者然，即所謂聲。其後收以翁，即所謂韻。聲有部位、發送收、與清濁之分，韻有陰陽、四聲、與等呼之別，而又各有古今正變之不同。此其大要也。西士以音表字，彼所謂子音 Consonants 即聲，彼所謂母音 Vowels 即韻，與吾土文字雖異而聲氣同，惟彼於二者皆製成符號（即所謂字母）可以目驗，吾土以形表字，聲與韻隱含於字之中，學者但能心知其意。斯其

異矣。（西士字母中之子音，其本質亦不能單獨成聲。故金尼閣西儒耳目資謂之爲同鳴者，而以母音爲自鳴者。而人能名之者，亦姑使收入於喉，以便指說耳。）以下分述聲與韻之部數。

二　發音部位

音之始發卽聲，其部位大別有五，曰喉，（亦曰深喉）曰牙，（亦曰淺喉）曰舌，曰齒，曰脣。若細分之，舌齒脣三者之中又各有輕重之別，於是字母家分舌聲爲舌頭舌上半舌三部，分齒聲爲齒頭正齒半齒三部，分脣聲爲重脣輕脣兩部。惟半舌實同舌頭，半齒實屬舌上，應爲歸倂。（參看下表六）是故五聲分而爲八，曰喉，音出喉中，曰牙，牙根用力，曰舌頭，舌端擊齶，曰舌上，舌上黏齶，曰齒頭，舉舌逼齒，音在齒尖，曰正齒，作勢微輕，曰重脣，兩脣相搏，曰輕脣，脣齒相切。大氐一字之音卽含其字之義，喉牙舌三字之音各當於其發音部位，而齒脣二字發音不在齒與脣而在舌者，（字母家以此二字爲齒音誤）蓋齒音發出不能單獨作勢，必舉舌尖以抵齒背使音逼而突出齒縫，故言齒字者亦以舌也。脣者說文「口耑也，」釋名「口之緣也，」是言脣字者卽合口掀脣以指其所在，故其音卽由耑緣（緣有舌音）而來也。

大別	喉	牙	舌				齒	
細分	喉	牙	舌頭	舌上	半舌	半齒	齒頭	正齒

脣	
重脣	輕脣

三 發送收及清濁

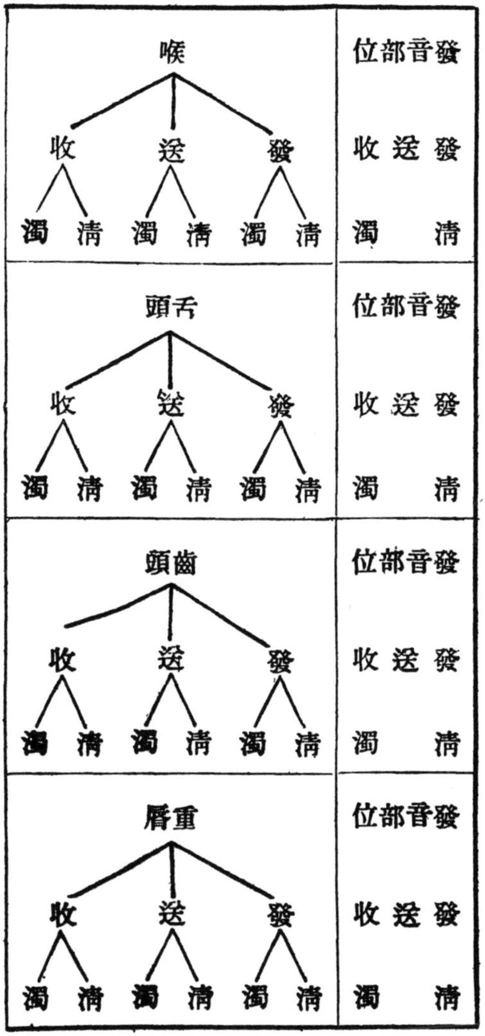

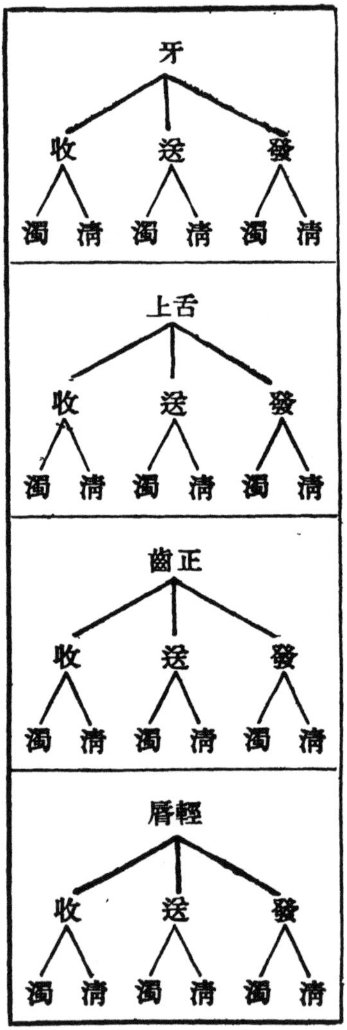

聲之部位有八，（見上）從八者區之，各有其發送收。始出曰發，縱曰送，終曰收。陳澧切韻考外編曰：「發聲者，不用力而出者也，送氣者用力而出者也，收聲者，其氣收斂者也。」從三者區之，又各有其清濁。清者其聲輕而上，濁者其聲重而下。聲之蕃衍，大齊如是。辨而析之，是爲聲類。（亦曰紐）然八聲之發送收及清濁，俱不皆全備，亦或有重複者，其實數下表詳之。平上去入四聲之音皆有清濁，今惟廣州人俱能辨別。去聲清濁則南方省區猶有能分之者，其餘但能辨平聲之清濁而已。

四　廣韻聲類

發音部位	喉						牙					
發 送 收	發	發	送	送	收	收	發	發	送	送	收	收
清 濁	清	濁	清	濁	清	濁	清	濁	清	濁	清	濁
據廣韻聲類舉例	翁烏紅切 ○	融以戎切 雄羽弓切	烘呼東切	洪戶公切	○	○	羈居宜切	○	攲去奇切	奇渠羈切	○	宜魚羈切
實數	一	二	一	一	無	無	一	無	一	一	無	一

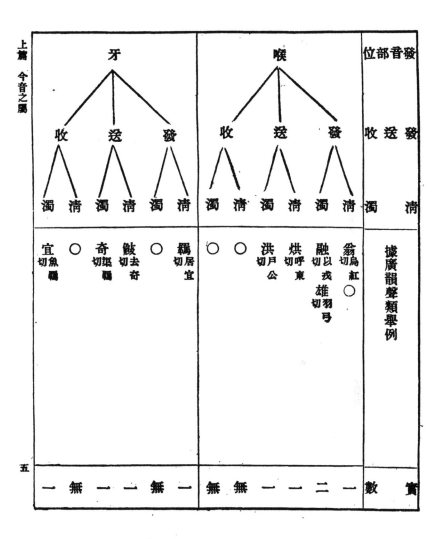

舌頭

發		送		收	
清	濁	清	濁	清	濁
都 當孤切	○	瑹 他胡切	徒 同都切	○	奴 乃都切
				○	盧 落胡切
一	無	一	一	無	二

舌上

發		送		收	
清	濁	清	濁	清	濁
珍 陟鄰切	○	𤞞 丑人切	陳 直珍切	○	紉 女鄰切
眞 照鄰切	○	瞋 昌眞切	神 食鄰切	○	仁 如鄰切
○	○	申 失人切	辰 植鄰切	○	○
二	無	三	三	無	二

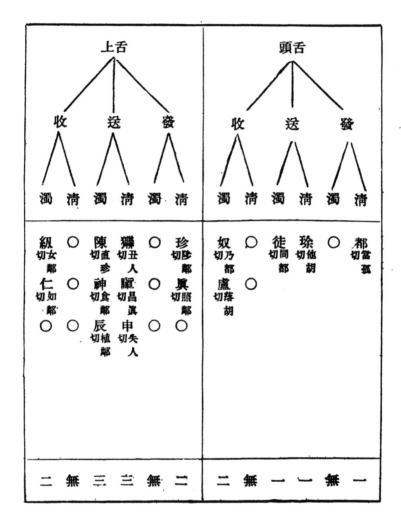

齒頭						正齒					
發		送		收		發		送		收	
清	濁	清	濁	清	濁	清	濁	清	濁	清	濁
將即良切	○	鏘七羊切	牆在良切	○	○	莊側羊切	○	創初良切	牀士莊切	○	○
○	○	襄息良切	詳似羊切	○	○	○	○	霜色莊切	○	○	○
一	無	二	二	無	無	一	無	二	一	無	無

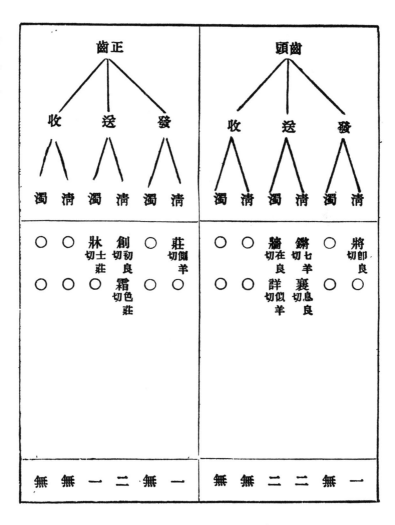

重脣						輕脣					
發		送		收		發		送		收	
清	濁	清	濁	清	濁	清	濁	清	濁	清	濁
包 布交切	○	胞 匹交切	庖 薄交切	○	茅 莫交切	飛 甫微切	○	霏 芳非切	肥 符非切	○	微 無非切
一	無	一	一	無	一	一	無	一	一	無	一

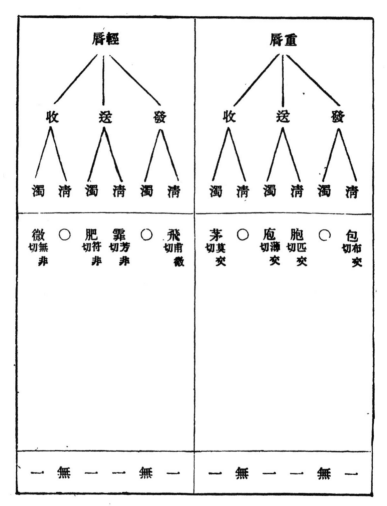

韻書自李登聲類而下，卷軸亡佚。後出之書，獨有廣韻，猶存隋唐以來韻書之舊觀。洵今韻之宗，而推尋古音之津梁也。故餘杭章君謂不明廣韻，無以知聲音之畔界，而治古音將有所惑。番禺陳君切韻考據廣韻切語上字以定聲類，爲數四十。（參看下表二十一）陳君以重脣收聲之濁與輕脣收聲之濁兩類合併，今仍分之，共計四十一類。蓋發送收及清濁不皆全備，亦有重複者。玆於每一發音部位應有之聲類，任取廣韻一韻中屬於其聲類之字舉例以實之。（每韻字音，其聲不出四十一類，然多有音無字者，故不能全舉一韻。）其發送收及清濁不全備者規誌之，重複者各書於其類之下，廣韻聲類，盡於此矣。夫廣韻一書本於隋唐以來韻書之舊，則此四十一聲類，實隋唐以前發音部位蕃衍之總數也。其聲之出口，皆各循其發送收及清濁之定序，所謂知天下之至賾而不可亂者歟。

五　雙聲

正	
同聲類	
舉例	
玄黃	同屬喉聲送氣之濁
拮据	同屬牙聲發聲之清
流離	同屬舌頭收聲之濁
踟蹰	同屬舌上送氣之濁

例		
異韻	咨諏	同屬齒頭發聲之清
	參差	同屬正齒送氣之清
	黽勉	同屬重脣收聲之濁
	奮飛	同屬輕脣發聲之清

變例		舉例		
聲類不盡同	異韻	孝友	孝喉送清友喉發濁	同部位而不同發送收及清濁
		土田	土舌送清田舌送濁	同部位及發送收而不同清濁
		饑渴	饑牙發清渴牙送清	同部位及清濁而不同發送收
		邦家	邦脣發清家牙發清	不同部位而同發送收及清濁
		安舒	安喉發清舒舌送清	不同部位及發送收而同清濁
		馳驅	馳舌送濁驅牙送清	不同部位及清濁而同發送收

發音相同（卽聲類畢同）之字，是曰雙聲，卽字之聲同而韻異者也。上表四之四十一聲類，卽廣韻雙聲之區域。其聲類之相近而不盡同者，在古亦得謂之雙聲，蓋其變例也。茲各就其連語舉例，以示梗概，學者觸類而長之可也。

六　三十六字母及四十一聲類標目（附羅馬字母比較）

廣韻聲類	喉						牙					
	發		送		收		發		送		收	
	清	濁	清	濁	清	濁	清	濁	清	濁	清	濁
	一	二	一	一	無	無	一	無	一	一	無	一
三十六字母	影	喻（喻併）	曉	匣			見		溪	羣		疑
四十一聲類標目	影	喻（爲）	曉	匣			見		溪	羣		疑
羅馬字母	A E I O U		H				G		K			NG

舌頭						舌上					
發		送		收		發		送		收	
清	濁	清	濁	清	濁	清	濁	清	濁	清	濁
一	無	一	一	無	二	二	無	三	三	無	二
端		透	定		泥 來	知 照		徹 穿 審	澄 牀併 禪		娘 日
端		透	定		泥 來	知 照		徹 穿 審	澄 牀 禪		娘 日
D		T		N L		CH		CH' SH		NI R	

正齒	收 濁	收 清	送 濁	送 清	發 濁	發 清
	無	無	一	二	無	一
			牀	穿併 審併		照併
			牀	初 疏		莊
				TS' S		TS

齒頭	收 濁	收 清	送 濁	送 清	發 濁	發 清
	無	無	二	二	無	一
			從 邪	清 心		精
			從 邪	清 心		精
				TS' S		TS

脣輕						脣重					
收		送		發		收		送		發	
濁	清	濁	清	濁	清	濁	清	濁	清	濁	清
一	無	一	一	無	一	一	無	一	一	無	一
微		奉	敷		非	明		並	滂		幫
微		奉	敷		非	明		並	滂		幫
V		F		F		M		P		B	

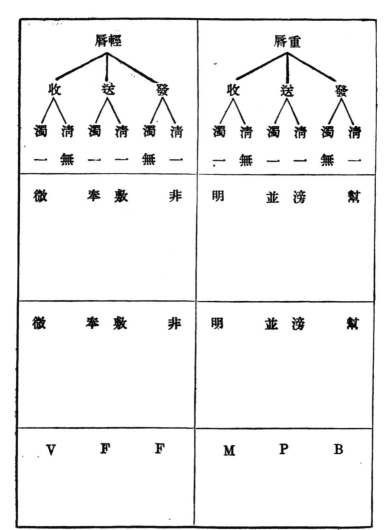

聲之爲物，隱含於字音之中，且不可單獨成響，前既言之矣。上表四之四十一聲類，係泛體一切發音之定位，位雖實指，而形同虛設。然則聲之每類，吾人將何以名之乎。如稱喉聲發聲之清，或牙聲送氣之濁，殊嫌煩冗。是則託名標識尚矣。託名標識者，立一名以省繁稱。夫聲既寄於字音之中，則類聚雙聲之字，每聲類任舉一字之音以爲標目，以概其同類者，斯可以共喻矣。古人但言雙聲而無標目之字，至唐釋守溫始定三十六字母。（玉海載僧守溫三十六字母圖一卷。呂介孺同文鐸云：「大唐舍利剏字母三十，後溫首座益以娘，牀，幫，滂，微，奉六母，是爲三十六母，」據此則守溫亦席前人之成業也。）藉其音之始發，以範圍衆聲，便於指說，深得託名標識之理。學者便之，相沿不廢。惟字母家以來類爲半舌，日類爲半齒，照，穿，牀，審，禪五類爲正齒，立名既有未諦，又淆舌齒大界。（參看上表二）且三十六之數，與廣韻聲類不合。迨番禺陳君據廣韻切語上字以考聲類，知喻，照，穿，牀，審五母俱應分而爲二。本師黃君因取爲神，莊，初，疏五字以爲標目，以照，穿，神，審，禪五類屬舌上，以莊，初，牀，疏四類屬正齒。（正齒分爲二說始於當塗夏燮。其所作述韻，有論正齒當分二支一條，略云：「正齒之字半與齒頭合，半與舌上合，其與齒頭同偏旁者則爲正齒之本音，其與舌頭舌上同偏旁者則改歸舌上。」）共計四十一類，自新加五類外，其餘三十六類標目，仍用守溫字母之舊文。又西士子音母音俱製成符號，連書子音母音以成一字，取其有相生之義，故謂之字母。（西儒耳目資稱聲類爲字父，韻部爲字母，聲與韻拼出之音爲字子。）若聲類標目而名之曰字母，則殊未當。錢竹汀養新錄云：「聲同者互相切，本無子母之別，於同聲之中偶舉一字以爲例，而尊之爲母，此名不正而言不順者也。」今改稱字母爲聲類標目。字母家稱某字之聲爲某母，今改稱爲某聲，某類，或曰某紐。此四十一類發聲，自無一相同者，惟吾人今日，於喉音喻之與爲，舌上音知徹澄之與照穿神，齒頭音精清從心之與正齒音莊初牀疏，輕脣音非之與敷，其發聲則多不能分辨矣。本篇首述西文字母之所謂子音卽聲，母音卽韻，今此表又以母音字母AEIOU等配影喻爲三聲，何耶。曰，影喻爲三聲與西文母音字母性質雖異，而其發音之部類則同。（同爲喉音之發聲，此表專就音之始發言耳。）夫西文母音字母，與吾土韻書分部之東冬鍾江等目相當，此其本質之所以異也。然其出聲與影喻爲三類實無二致。蓋韻必以歸本於喉爲韻母，如西文母音字母是，而凡一韻之影喻爲三聲字音，卽其韻之韻母，（韻母者，卽一韻之共同收音，而音有清濁，淸者屬影，濁者屬喻爲。）是凡韻母之發音，卽屬影喻爲三類，此其發音之部類之所以同也。故聲類中有此三紐。吾土若將韻母亦製成符號，如AEIOU等，然則凡影喻爲三紐之音卽爲韻母，其聲類可以省去矣。此於音理極關重要，學者宜深思之。其餘各類發聲，與羅馬字母之比較，顯然易瞭，不待詳論。

七　四十一聲類發音及其標目讀法

發音部位	聲類標目	反切	清濁	等呼	四聲及韻	聲類發音及標目正讀
喉	影	一警	發清	開細	上梗	影喻爲三類爲一切韻母之發聲，引喉而出，音最單純，蓋自其作勢至收入於喉，同一樞紐，直而不曲者也。喻爲二類同爲影類之濁，其發音今無別。標目喻字或誤讀如淤，爲字誤讀合洪。影類洪音，或混似疑類之淸。
	喻	余昫	發濁	合細	去遇	
	爲	云垂	發濁	合細	平支	
	曉	馨皛	送清	開細	上篠	自此以下發音，作勢與收入於喉兩段始顯。此二類呴氣而出，其洪音今或混同敷奉二類。匣類又或混似影類之濁。匣字誤讀如俠。
	匣	何鴨	送濁	開洪	入狎	
牙	見	吉宴	發清	開細	去霰	牙音四紐發聲，作以牙齩物之勢卽得。
	溪	起鷖	送清	開細	平齊	標目溪字或誤讀如醯。
	羣	渠云	送濁	合細	平文	此類發音或混似見類之濁。標目羣字或誤讀如脣。
	疑	擬怡	收濁	開細	平之	此類發音今多混同喻爲二類。標目疑字或誤讀如怡。
舌頭	端	德畹	發清	合洪	平桓	舌頭發音須以舌端重抵上齶。標目端字今或誤讀如丹。
	透	胎候	送清	開洪	去候	
	定	田脛	送濁	開細	去徑	此類發音今或混似端類之濁。標目定字誤讀如錠。

字母	切	發送收清濁	開合洪細	聲韻	說明
泥	乃奚	收濁	開細	平齊	此類發音須以舌端揉上齶乃得。標目泥字或誤讀如尼。
來	勒孩	收濁	開洪	平咍	此類發音須以舌端刮上齶乃得。否則與泥類易混。
知（舌上）	陟漪	發清	開細	平支	舌上發音須以舌尖輕抵上齶，否則混於齒。標目知字誤讀貲。
徹（舌上）	恥抴	送清	開細	入薛	此類發音或混同清類。
澄（舌上）	池蠅	送濁	開細	平蒸	此類發音或混同從類，又或混似知類之濁。
娘（舌上）	尼羊	收濁	開細	平陽	此類發音爲泥類之輕，用力甚微。今多混同疑類。
日（舌上）	人一	收濁	開細	入質	此類亦爲泥類之輕，彈舌而出。今或混同喻爲二類。
照（舌上）	職要	發清	開細	去笑	此類發音或混同精類。
穿（舌上）	春娟	送清	合細	平仙	此類發音或混同清類。
神（舌上）	食寅	送濁	開細	平眞	此類或混禪邪兩類，又或混似照類之濁。標目神字誤讀如辰。
審（舌上）	式飲	送清	開細	上寑	此類發音或混同心類。
禪（舌上）	氏堰	送濁	開細	去線	此類發音或混同邪類。
精	子嬰	發清	開細	平清	齒頭音須以舌逼之自齒尖出。此類細音，或混同見類。標目精字誤讀經。

齒頭				正齒				重唇				
清	從	心	邪	莊	初	牀	疏	幫	滂	並	明	非
七嬰	情容	私音	似耶	側央	測於	俟羊	色於	博江	丕汪	皮迴	眉榮	方威
送清	送濁	送清	送濁	發清	送清	送濁	送清	發清	送清	送濁	收濁	發清
開細	合細	開細	開細	開細	合細	開細	合細	合洪	合洪	合細	合細	合細
平清	平鍾	平侵	平麻	平陽	平魚	平陽	平魚	平江	平唐	上迴	平庚	平微
此類細音發音或混同溪類。標目清字誤讀如輕。	此類或混似精類之濁。其細音或混羣類。標目從字誤讀合洪，如叢。	此類細音發音或混同曉類。標目心字誤讀如興。	此類細音發音或混同匣類。標目字韻變。	正齒用力微輕，易混舌上。此類混同知照二類。莊字誤讀如章。	此類發音或混同徹穿二類。標目初字誤讀如攄。	此類或混同澄神二類，又混似莊類之濁。標目牀字誤讀如長。	此類發聲或混同審類。標目疏字誤讀如書。	重唇發音兩唇相搏。	標目滂字或誤讀如旁。	此類發音或混似幫類之濁。標目並字誤讀如柄。		輕唇發音，以上齒切下唇卽得。

輕脣		
敷	奉	微
撫紆	房勇	無韋
送清	送濁	收濁
合細	合細	合細
平虞	去腫	平微
此類發音今與非類無分。	此類發音或溷入匣類。標目奉字或誤讀如俸。	此類發聲今多混同喻爲二類，或明類。標目字誤讀如韓或枚。

表內聲類發音說明，係泛指各類雙聲而言。標目正讀，係專就標目之字影喻爲曉匣等而言。蓋既用此等字以爲符識，則其音讀卽爲一切字音發聲之標準，學者宜明辨而熟讀之。其各部位送氣之濁，今南音多讀似發聲之濁，北音於平聲則分之甚析。上去入仍多相溷也。

八　四十一聲類正變

發音部位	正聲	變聲	說明
喉	影	喻爲	清濁相變
	曉		
	匣		

牙	見		清濁相變
	溪	羣	
	疑		
舌	端	知照	輕重相變
	透	徹穿審	
	定	澄神禪	
	泥	娘日	
	來		
齒	精	莊	輕重相變
	清	初	
	從	牀	
	心	邪疏	
	幫	非	輕

脣		
滂	並	明
敷	奉	微
重	相	變

四十一聲類，爲隋唐以前雙聲之區域。其中有正有變。正爲本有，變由正生。如舌上由舌頭而變，輕脣由重脣而變是。卽如小兒學語，有舌頭而無舌上，阻塞之鄉重脣多於輕脣，蓋其理也。其詳下篇言之。

九　韻母（附羅馬字母比較）

聲	類				
陰聲	純喉音	（加尼）A	（飢尼）I	（孤尼）U	（哥尼）O
陰聲	純喉音	（該尼）AI	（高尼）AU	（鈎尼）OU	
陽	獨發鼻音	（公尼）UNG	（岡尼）ANG	（庚尼）ÊNG	
陽	上舌鼻音	（根尼）ÊN	（干尼）AN		

聲	撮脣鼻音	（今尼）INM（甘尼）ANM

自古韻書分部，但有東冬鍾江之標目，而不言韻母。韻母者，卽一切字音收音之區域。其音矢口而出，不煩思索，爲有生之天籟，振古之元音，凡感歎發語之詞皆屬之。與羅馬母音字母相當，與前所謂聲類正相對待，二者缺一，卽無以知音。今定爲十四韻母，以範圍衆韻，陰聲陽聲各七。（陰聲陽聲與音所從發謂之聲名同而實異。）每一韻母，以反切合音之法表之。其音皆屬影類，以凡一韻之影類字音，卽其韻之韻母也。由此而各有等呼，四聲，古今之異，韻類以繁。是故韻母之於韻，混元未析，猶發音部位之於聲也。陰聲陽聲者，錢玄同文字學音篇曰：「平上去三聲有陰聲陽聲二類，所謂陰聲者，其音皆下收於喉而不上揚，平聲（舉平以包上去）之支脂之微魚虞模齊佳皆灰咍蕭宵肴豪歌戈麻尤侯幽及去聲（此無平上者）之祭泰夬廢二十六韻皆陰聲也。陽聲則不下收而上出於鼻，然陽聲之收鼻音有三種，一曰獨發鼻音，其音爲NG，二曰上舌鼻音，其音爲N，三曰撮脣鼻音，其音爲M。收NG者十二，東冬鍾江陽唐庚耕淸靑蒸登是也。收N者十四，眞諄臻文殷元魂痕寒桓刪山先仙是也。收M者九，侵覃談鹽添咸銜嚴凡是也。入聲者介於陰陽之間，緣其音本出於陽聲，當有收鼻音，顧入聲音至短促，不待收鼻其音已畢，頗有類於陰聲。」案撮脣鼻音，今惟廣州有之。又入聲不立韻母者，以其爲陰陽之變也。

十　等呼

聲勢		舉例	說明	簡稱
開口	洪音	寒	開口呼之	開
開口	細音	賢	齊齒呼之	齊
合口	洪音	桓	合口呼之	合
合口	細音	玄	撮脣呼之	撮

音之收入於喉口吻有開合之異，開合又各有洪細之差，是爲四等。聲勢不同，（聲勢之聲與音所從發謂之聲名同而實異。）要爲一音之變與化。劉熙載四音定切云：「余幼讀爾雅釋詁至卬吾台予四字，忽有所悟，以爲此四字能收一切之音。後證之諸韻書皆合，益自信。乃易以欸意烏於四字。蓋欸意烏於皆取聲音之名以爲名。其於卬吾台予，則欸代卬意代台烏代吾於代予也。……夫欸字收聲者名開口音，意字收聲者名齊齒音，以及收烏名合口收於名撮口，自非先辨欸意烏於，何以能定開齊合撮也。」案收音有開齊合撮四等，至易分辨，童孺能知，劉氏以欸意烏於四字合之，矜爲獨創，其實按此等呼，任舉四字皆可。宋以後等韻家取韻書之字依三十六字母之第次而爲之圖，開合各分四等，遂啓後人一等洪大二等次大三四皆細而四尤細之謬說。本師黃君曰：「等韻之弊，在於破碎音之出口，不過開合，開合兩類各有洪細，其大齊唯四而已。而等韻分開口合口各有四等，今試舉寒桓先類音賢之爲

問寒（開洪）桓（合洪）賢（開細）玄（合細）四音之間，尙能更容一音乎。此緣見廣韻分韻太多，又不解洪細相同必分二韻之故，因創四等之說以濟其窮。然其分等又謂皆由聲分不由韻分，一聲或兼備四等，或但有一等，故廣韻同類之字，等韻或分爲三等，而猶有時窒礙難通，令人迷亂。顧其理有暗與古會者，則其所謂一等音由今驗之皆古本音也。此等韻巧妙處，其他則繽紛連結不可猝理。」

十二　四十一聲類字音之等呼（無其音者規識之）

聲類	開口洪音	開口細音	合口洪音	合口細音
影				
喩	○		○	
爲	○		○	
曉				
匣				
定				
泥				
來				
知				
徹				
神	○		○	
審	○		○	
禪	○		○	
精				
淸				
牀				
疏				
幫	○	○		
滂	○	○		
並	○	○		

見	溪	羣	疑	端	透
		○ ○			
澄	娘	日	照	穿	
		○ ○	○ ○	○ ○	
從	心	邪	莊	初	
		○ ○			
明	非	敷	奉	微	
○ ○	○ ○ ○	○ ○ ○	○ ○ ○	○ ○ ○	

開合洪細之辨，在韻而不在聲。此表係明某聲類字音等呼之全備與否，如影類字音開合洪細四等皆備，喻爲二類字音則只有開細合細二等而無開洪合洪二等是也。非謂音之始發有開合洪細之分也。

十二　四聲

標目	音別	舉例
平	長	漪
上	平之短	倚

收音有長短之分，而四聲以立。四聲之聲，與音所從發謂之聲名同而實異。平上去入亦其標目之文。古惟有平入二聲爲收音長短之大限。其後讀平聲少短爲上，讀入聲少長爲去，長短不同，要亦一音之變也。南史陸厥傳曰：

去	入之長	縱
入	短	歛

「永明末盛爲文章，吳興沈約陳郡謝朓琅琊王融以氣類相推轂，汝南周顒善識聲韻，爲文皆用宮商以平上去入爲四聲，以此製韻，不可增減，世呼爲永明體。」顧炎武音論曰「今考江左之文，自梁天監以前，多以去入二聲同用，以後則若有界限，絕不相通，是知四聲之論起於永明而定於梁陳之間也。」夏燮述韻云：「平上去入分爲四聲，四聲之中又分兩類。昔人謂上去入爲仄聲，與平聲爲兩類。燮謂平上去一類，入聲一類，平上去三聲以同音諧，入聲之於平上去以轉音諧。」案此雖指古人用韻言，而初學於一字之平上去三聲易知，於入聲難審，亦卽以其轉之故也。下表十七宜熟玩而明辨之。大氏平聲之音舒而長，短而揚之則爲上，重而抑之則爲去，急促言之則爲入。

等呼及四聲之分，皆屬於韻。將一韻母而區別其開合洪細及平上去入，是爲韻類。

十三　疊韻

正	舉例
同韻類	優游　同屬韻母(鉤尼)之齊齒呼平聲
	菡萏　同屬韻母(甘尼)之開口呼上聲

例		變例			
異聲		韻類不盡同 異聲			
縱送	怫鬱	舉例	笑傲	綢繆	蕃衍
同屬韻母（公尼）之合口呼去聲	同屬韻母（根尼）之撮脣呼入聲		笑齊齒呼傲開口呼（洪細不同）	綢齊齒呼繆撮脣呼（開合不同）	蕃平聲衍上聲（四聲不同）

收音相同（即韻類畢同）之字，是曰疊韻，即字之韻同而聲異者也。上表九之十四韻母，再區以等呼，四聲，即疊韻之區域。其韻類之相近而不盡同者，亦得謂之疊韻，蓋其變例也。茲各就其連語舉例以示梗概，學者觸類而長之可也。

十四　廣韻韻目及其四聲相配

上平聲	上聲	去聲	入聲	附注
東第一	董第一	送第一	屋第一	
冬第二	湩䳕字附見腫韻	宋第二	沃第二	湩䳕二字互相切湩字下注云此是冬字上聲
鍾第三	腫第二	用第三	燭第三	
江第四	講第三	絳第四	覺第四	
支第五	紙第四	寘第五		
脂第六	旨第五	至第六		
之第七	止第六	志第七		
微第八	尾第七	未第八		
魚第九	語第八	御第九		
虞第十	麌第九	遇第十		
模第十一	姥第十	暮第十一		
齊第十二	薺第十一	霽第十二		

		祭第十三		
		泰第十四		
佳第十三	蟹第十二	卦第十五		
皆第十四	駭第十三	怪第十六		
		夬第十七		
灰第十五	賄第十四	隊第十八		
咍第十六	海第十五	代第十九		
		廢第二十		
眞第十七	軫第十六	震第二十一	質第五	
諄第十八	準第十七	稕第二十二	術第六	
臻第十九	𧤛齔字附見隱韻		櫛第七	𧤛齔二字等韻皆列爲二等音與臻同等
文第二十	吻第十八	問第二十三	物第八	
欣第二十一	隱第十九	焮第二十四	迄第九	欣原作殷宋時避宣祖廟諱改

元第二十二	阮第二十	願第二十五	月第十	
魂第二十三	混第二十一	慁第二十六	沒第十一	
痕第二十四	很第二十二	恨第二十七	麧紇字附見沒韻	麧字通志七音略切韻指南並以爲痕入聲
寒第二十五	旱第二十三	翰第二十八	曷第十二	
桓第二十六	緩第二十四	換第二十九	末第十三	
刪第二十七	潸第二十五	諫第三十	黠第十四	
山第二十八	產第二十六	襉第三十一	鎋第十五	
下平聲				顧炎武曰平聲字多分上下二卷
先第一	銑第二十七	霰第三十二	屑第十六	
仙第二	獮第二十八	線第三十三	薛第十七	
蕭第三	篠第二十九	嘯第三十四		
宵第四	小第三十	笑第三十五		
肴第五	巧第三十一	效第三十六		

豪第六	晧第三十二	號第三十七		
歌第七	哿第三十三	箇第三十八		
戈第八	果第三十四	過第三十九		
麻第九	馬第三十五	禡第四十		
陽第十	養第三十六	漾第四十一	藥第十八	
唐第十一	蕩第三十七	宕第四十二	鐸第十九	
庚第十二	梗第三十八	映第四十三	陌第二十	禮部韻略改映爲敬
耕第十三	耿第三十九	諍第四十四	麥第二十一	
清第十四	靜第四十	勁第四十五	昔第二十二	
青第十五	迥第四十一	徑第四十六	錫第二十三	
蒸第十六	拯第四十二	證第四十七	職第二十四	
登第十七	等第四十三	嶝第四十八	德第二十五	
尤第十八	有第四十四	宥第四十九		

侯第十九	厚第四十五	候第五十		
幽第二十	黝第四十六	幼第五十一		
侵第二十一	寑第四十七	沁第五十二	緝第二十六	
覃第二十二	感第四十八	勘第五十三	合第二十七	
談第二十三	敢第四十九	闞第五十四	盍第二十八	
鹽第二十四	琰第五十	豔第五十五	葉第二十九	
添第二十五	忝第五十一	㮇第五十六	帖第三十	
咸第二十六	豏第五十二	陷第五十七	洽第三十一	上聲豏檻儼去聲陷鑑釅次序依戴氏聲韻考訂正
銜第二十七	檻第五十三	鑑第五十八	狎第三十二	
嚴第二十八	儼第五十四	釅第五十九	業第三十三	
凡第二十九	范第五十五	梵第六十	乏第三十四	

廣韻平聲五十七韻，上聲五十五韻，（冬臻兩韻上聲以字少附見腫隱兩韻，故少二韻。）去聲六十韻，（祭泰夬廢四韻無平上，臻韻無去，故多三韻。）入聲三十四韻，（入聲專配陽聲，陽聲三十五韻，見下）而痕韻入聲以字少附

見沒韻，故少一韻。）共二百六韻。茲以四聲相配者直書之，以明其爲一音之變。其次序及標目，蓋隋唐以來相傳之譜。（干祿字書古文四聲韻等及今所見王仁煦刊謬補缺切韻唐寫本切韻殘本，其次序及標目與廣韻皆不盡同，然不可執此以議廣韻也。）戴東原聲韻考曰：『法言書今不傳，宋廣韻卷首猶題云「陸法言撰本，長孫訥言箋注」而集韻韻例曰：「先帝時，令陳彭年邱雍因法言韻就爲刊益」然則廣韻之二百六韻，殆法言舊目歟。』本師黃君亦曰：『今行廣韻，雖非陸君切韻之舊，然但有增加，無所刊剟，則陸書固在廣韻中也。』（最近餘杭章君有與蘄春黃君論今廣韻同用獨用非許敬宗奏定之舊一書，黃君復書有云：「頃日自清室傳出王仁煦刊謬補缺切韻亦無敬宗奏定之目，而次第復與廣韻大殊，竊疑廣韻亦非法言舊本。」則與前說異矣。然疑廣韻不出於陸韻，自王國維已發之，究於廣韻無損也。）韻母之數，上表所列陰聲陽聲各七，今演爲二百六韻之多，其故有三，以四聲之不同而分，一也，以等呼之不同而分，二也，以古今沿革之不同而分，三也。（二三皆見後。）若夫韻目下同用獨用之注，及後人之删併，則始於唐之功令，以其韻窄而許令附近通用，以爲詩賦韻文之準。前人論之雖詳，要與斯學無涉。自禮部韻略至韻府羣玉等書皆斯類也。是故欲明聲韻之學，必以廣韻爲宗。黃君曰：「廣韻之在韻書，如說文之在字書，輕重略等。」

十五　二百六韻分類（合口僅有脣音者規識其旁）

		東	冬	鍾	江	支	脂	之
平聲	開合齊撮	一東 二東	冬	鍾	江	一支 二支	一脂 二脂	之
上聲	開合齊撮	董	(湩)	腫	講	一紙 二紙	一旨 二旨	止
去聲	開合齊撮	一送 二送	宋	一用	絳	一寘 二寘	一至 二至	志
入聲	開合齊撮	一屋 二屋	沃	燭	覺			

一微 二微	一尾 二尾	一未 二未	
魚	語	御	
虞	麌	遇	
模	姥	暮	
一齊 二齊	一薺 二薺。	一霽 二霽	
		一祭 二祭	
		一泰 二泰	
一佳 二佳	一蟹 二蟹	一卦 二卦	
一皆 二皆	駭	一怪 二怪	

	灰	一咍 二咍∘		一眞 二眞	諄	臻	文	欣
	賄	一海 二海∘		一軫 二軫	準	([illegible])	吻	隱
一夬 二夬	隊	代	一廢 二廢	一震 二震∘	稕		問	焮
				一質 二質	術	櫛	物	迄

一元 二元	一阮 二阮	一願 二願	一月 二月
魂	混	慁	沒
痕	很	恨	(麧)
寒	旱	翰	曷
桓	緩	換	末
一刪 二刪	一潸 二潸	一諫 二諫	一黠 二黠
一山 二山	一產 二產	一襇 二襇	一鎋 二鎋
一先 二先	一銑 二銑	一霰 二霰	一屑 二屑
一仙 二仙	一獮 二獮	一線 二線	一薛 二薛

蕭	一宵 二宵。	一肴 二肴。	一豪 二豪。	歌	一戈 二戈 三戈	一麻 二麻 三麻	一陽 二陽	一唐 二唐
篠	一小 二小。	一巧 二巧。	一晧 二晧。	哿	果	一馬 二馬 三馬 四馬。	一養 二養	一蕩 二蕩
嘯	一笑 二笑。	一效 二效。	一號 二號。	箇	過	一禡 二禡 三禡	一漾 二漾	一宕 二宕
							一藥 二藥	一鐸 二鐸

一庚 二庚 三庚 四庚	一耕 二耕	一清 二清	一青 二青	一蒸 二蒸。	一登 二登	一尤 二尤。	一侯 二侯。
一梗 二梗 三梗 四梗	一耿 二耿。	一靜 二靜	一迥 二迥	拯	一等 二等。	一有 二有。	一厚 二厚。
一映 二映 三映 四映	一諍 二諍	一勁 二勁。	一徑 二徑。	一證 二證。	一嶝 二嶝。	一宥 二宥。	一候 二候。
一陌 二陌 三陌 四陌。	一麥 二麥	一昔 二昔	一錫 二錫	一職 二職	一德 二德		

嚴	一銜 二銜。	咸	添	一鹽 二鹽。	一談 二談。	覃	侵	一幽 二幽。
儼	檻	豏	一忝 二忝。	一琰 二琰。	一敢 二敢。	感	一寑 二寑。	黝
一釅 二釅。	一鑑 二鑑。	陷	㮇	一豔 二豔。	闞	勘	沁	一幼 二幼。
業	狎	洽	怗	葉	盍	合	一緝 二緝。	

一凡	一范	一梵	一乏
二凡。	二范。	二梵。	二乏。

廣韻分韻之多之故，（見前）等呼不同其一也。如痕之與魂，寒之與桓，以開合分，寒之與先，豪之與蕭，以洪細分是。然分之猶未能盡，故一韻而備數等者尙多。番禺陳君切韻考據廣韻切語下字以定韻類，有一韻只一類者，卽其韻只一等，有一韻而分二類三類四類者，卽其韻有二等三等四等。（參看下表二十二）然分之猶未盡善，有二類不同而陳君未加分析者，則誤以脣音有開口呼也，亦有二類實同，而陳君未輒合併者，則泥舊之過也。本師黃君因重爲考定，計二百六韻以等呼之不同析爲三百三十九類。（此表韻目附注一二三四者，卽明其韻之分爲二類三類四類也，其不注者，明其韻只一類耳。）其言曰：「脣音但有合口，而可以切開口之音，開口之音亦可以切脣音，此由脣音介於開合之間，故可以互用爲切。開口之音至脣而必合，雖侯豪咍等韻本無喉牙舌齒四類之合口音，而其脣音則無非合口也。等韻家不悟是理，往往同一脣音，而一屬之開口，一屬之合口。切韻考專據切語下字分類，而四聲相承者，每有在平爲開在上爲合，如冥茗二音相承者，以冥用莫經切，經在靑韻第一類，則以冥歸第一類；茗用莫迥切，迥在迥韻第二類，則以茗歸第二類，不悟脣音無開口也。又切韻之成，當亦搜取舊音，故經典釋文所引，其切語並與廣韻同者甚衆，舊有二音而陸君驗爲一，故合之一韻，而仍著其異切，著其異切者，明本有異，合之一韻者，明今實同，自非開合洪細有殊，雖三四切語，亦祇一音耳。今考定陳君所分二類實同者，如支一支二同爲開口細音，支

三支四同爲合口細音，脂二脂三同爲合口細音，眞一眞二同爲開口細音仙二仙三同爲合口細音宵一宵二同爲開口細音，侵一侵二同爲細音，鹽一鹽二同爲細音，（舉平以包三聲，亦有平聲分而上去或合或分者。）是也。」

十六　二百六韻正變

正韻	變韻	說明
東一　董　送一　屋一	鍾腫用燭	合口音變爲撮脣音
	江講絳覺	本音變同唐韻
冬　宋　沃	東二　送二　屋二	本音變同東韻細音
模姥暮	魚語御	合口音變爲撮脣音
齊薺霽	支紙寘	變韻中有變聲又半由歌戈韻變來
	佳蟹卦	本音變同咍韻
灰賄隊	脂旨至	本音變同齊韻
	微尾未	本音變同齊韻又半由魂痕韻變來
	皆駭怪	本音變同咍韻

哈海代	之止志	本音變同齊韻
魂混慁沒	文吻問物	合口音變爲撮脣音
	諄準稕術	合口音變爲撮脣音又半由先韻變來
痕很恨(麧)	欣隱焮迄	開口音變爲齊齒音
寒旱翰曷 桓緩換末	删潸諫黠	變韻中有變聲又半由先韻變來
	山產襉鎋	變韻中有變聲
	元阮願月	本音變同先韻
	祭	入聲變陰去齊撮呼又半由魂韻入聲來
	泰	入聲變陰去
	夬	入聲變陰去有變聲
	廢	入聲變陰去齊撮呼
先銑霰屑	眞軫震質	本音變魂痕韻細音
	臻櫛	本音變同痕韻

	仙獮線薛	變韻中有變聲又半由寒桓韻變來
蕭篠嘯	尤有宥	本音變同侯韻細音又半由咍韻變來
	幽黝幼	本音變同侯韻細音
豪晧號	宵小笑	本音變同蕭韻
	肴巧效	變韻中有變聲又半由蕭韻變來
歌哿箇	麻馬禡	變韻中有變聲又半由模韻變來
戈一果過	戈二 戈三	合口音變爲撮脣音
唐蕩宕鐸	陽養漾藥	開合音變爲齊撮音
	庚梗映陌	本音變同登韻又半由青韻變來
青迥徑錫	耕耿諍麥	本音變同登韻又半由登韻變來
	清靜勁昔	變韻中有變聲
登等嶝德	蒸拯證職	開合音變爲齊撮音
侯厚候	虞麌遇	本音變同模韻細音又半由模韻變來

古本韻	今韻	說明
覃感勘合	侵寑沁緝	本音變同登韻細音而仍收脣
	咸豏陷洽	變韻中有變聲又半由添韻變來
	銜檻鑑狎	變韻中有變聲
	凡范梵乏	洪音變爲細音
添忝㮇怗	談敢闞盍	本音變同覃韻
	鹽琰豔葉	變韻中有變聲
	嚴儼釅業	變韻中有變聲又半由覃韻變來

前言四十一聲類有正有變（見上表八）二百六韻亦有正變，正爲本有，韻中無變聲，變由正生，而韻中有變聲。正變之分，卽前所言廣韻分韻之故自四聲等呼而外又有古今沿革不同之說也。乃知隋唐舊譜精義入神。清代聲韻學家亦多有言之者，如江君古韻標準凡例曰：「韻書流傳至今者，雖非原本，其大致自是周顒沈約陸法言之舊。分部列字，雖不能盡合於古，亦因其時音已流變，勢不能泥古違今。其間字似同而音實異，部既別則等亦殊，皆雜合五方之言，剖析毫釐，審定音切，細尋脈絡，曲有條理。」又其四聲切韻表凡例曰：「廣韻二百六部，分部細入毫芒，韻之相似如東冬鍾支脂之，當分而不可合，必有其所以然。」段君六書音均表曰：「法言二百六部綜周秦漢魏至

齊梁所積而成典型，源流正變，包括貫通，長孫訥言謂爲酌古沿今無以加者，可稱法言素臣。如支脂之三韻，分之所以存古類之所以適今，用意精深，後人莫測也。」又曰「四江一韻，東冬鍾轉入陽唐之音也，不以其字雜廁之陽唐而別爲一韻，繫諸一東二冬三鍾之後，別爲一韻，以著今音也；繫諸一東二冬三鍾之後，以存古音也。」孔君詩聲類曰「唐韻二百六部，蓋本於隋陸法言等數人之所定，其意大率斟酌消息，使通乎今不硋乎古。古者讀灰近皆，後世讀灰近咍，切韻則廁灰於皆咍之間，而兩別之。古者讀庚入唐，後世讀庚入耕，切韻則廁庚於唐耕之間，而兩別之。既分古侯虞之屬爲二，而侯未敢溷於尤，虞未敢溷於模。其它冬鍾覃談先仙蕭宵之界，莫不各有意義。迨唐功令以詞賦取士，病其部狹律嚴，一切同用，而聲學始譌矣。是故知蕭宵之不可併，而後知古音蕭本幽之類也，宵則肴豪之類也。知先仙之不可併，而後知古音先與眞諄臻文殷魂痕爲一類，仙與元寒桓刪山爲一類。知覃談之不可併，而後知侵覃凡爲一類，談鹽添咸銜嚴自爲一類。知冬鍾之不可併，而後知東鍾江爲一類，冬自爲一類。知侯虞之不可分，而後知虞與魚模兩類之辨。知唐庚之不可分，而後知庚與耕淸青兩類之辨。知灰不可離皆合咍，而後知咍類於之也，皆灰類於脂微齊也。又知其各與支佳不相類也。」其說雖諦，然明而未融，猶不足以達神指。迨本師黃君以聲之正變與韻之正變互相證明，而後衆疑盡釋，二百六韻之分，若網在綱，有條不紊。是故知韻同而等呼不同則或分之，然等呼雖同，而正變不同，則亦不能不分，此齊之與支，（舉平以包三聲，下倣此。）寒桓之與刪山，痕之與臻，先之與仙，蕭之與宵，豪之與肴，青之與淸，登之與耕，覃之與談，咸銜添之與鹽嚴之所以必分也。變韻雖同，而其所以變不同，

（見表中說明）則又不能不分，故東二（東與戈以正兼變，其分在洪細，故於此二韻特明其韻類。）與鍾必分，魚虞必分，支脂之微必分，佳皆必分，眞欣必分，文諄必分，刪山必分，元仙必分，祭廢必分，泰夬必分（此四韻無平上者）尤幽必分，陽江必分，庚耕蒸必分，談咸銜凡必分，鹽嚴必分。此陸氏分韻精意所在，古今音至今日大明，全賴乎此。儻如唐宋人之任意通用，劉淵陰時夫等之妄事删併，則韻書可以廢矣。此表既分正變，復明其所以變之之由，廣韻分韻之多，觀此可以無疑矣。

十七　入聲分配陰聲陽聲

陰聲	入聲	陽聲
平上去	入	去上平
侯厚候	屋	送董東
尤有宥		
幽黝幼		
豪晧號	沃	宋（湩）冬

顧寧人音論云：『韻書之序，平聲一東二冬，入聲一屋二沃，若將以屋承東，以沃承冬者，久仍其誤而莫察也。屋之平聲爲烏，故小戎以韻驅馵，不協於東董送可知也。沃之平聲爲夭，故揚之水以韻鑿襮樂，不協於冬湩宋可知也。術轉去而音遂，故月令有「審端徑術」之文。曷轉去而音害，故孟子有「時日害喪」之引。質爲「傳質爲臣」之質。覺爲「尙寐無覺」之覺。沒音妹也，見於子產之書。燭音主也，著於孝武之紀。此皆載之經傳，章章著明者。至其韻中之

宵小笑	燭	用腫鍾
蕭篠嘯		
肴巧效	覺	絳講江
脂旨至	質	震軫眞
	術	稕準諄
	櫛	（𧤛）臻
微尾未	物	問吻文
	迄	焮隱欣
廢	月	願阮元
	（麧）	恨很痕
灰賄隊	沒	慁混魂
歌哿箇		
泰	曷	翰旱寒

字，隋部而誤者十之八，以古人兩部混倂爲一而誤者十之二。是以審音之士談及入聲，便茫然不解，而以意爲之，遂不勝其舛互矣。」又云：「夫平之讀去中中將將行行與與，上之讀去，語語弟弟好好有有，而人不疑之者，一音之自爲流轉也。去之讀入宿宿出出惡惡易易，而人疑之者，宿宥而宿屋，出至而出術，惡暮而惡鐸，易寘而易昔。後之爲韻者，以屋承東，以術承諄，以鐸承唐，以昔承淸，若呂之代嬴，黃之易芈，而其統系遂不可尋矣。或曰「平嬴而入黜，固有三平而共一入者」，是殆不然。夫古人之制字，必有所從來，以文相麗，以聲相協，在乎此者不得移乎彼，所謂「天之生物也使之一本」，夫文字則亦有然者矣。若曰他部可承，三代經傳之文何無一出於彼者乎。故歌戈麻三韻舊無入聲，侵覃以下九韻舊有入聲，今因之，餘則反之。」江愼修四聲切韻表凡例云：「依韻書次第，屋至覺四部配東冬鍾江，質至辥十三部配眞諄臻文殷元魂痕寒桓删山先仙，唯痕無入，藥至德八部配陽唐庚耕淸靑蒸登，緝至乏九部配侵覃

戈果過	末	換緩桓
皆駭怪	黠	諫潸刪
夬	鎋	襉產山
	屑	霰銑先
祭	薛	線獮仙
魚語御	藥	漾養陽
虞麌遇		
模姥暮	鐸	宕蕩唐
麻馬禡	陌	映梗庚
佳蟹卦	麥	諍耿耕
支紙寘	昔	勁靜清
齊薺霽	錫	徑迥青
之止志	職	證拯蒸

談鹽添嚴咸銜凡。調之聲音而諧，按之等列而協，當時編韻書者其意實出於此，以此定入聲，天下古今之通論，不可易也。然執是說也，則此三十四部之外皆無入聲矣，胡為古人用入聲韻與三聲協者多出於無入聲之韻，而以一字轉兩三音如質質惡惡惡偏旁諧聲字如至室意臆慕莫肯削之類，亦多出於無入聲之類也。顧寧人於是反其說，惟侵覃以下九韻之入及歌戈麻三韻之無入與舊說同，其餘悉反之，舊無者有，舊有者無，此又固滯之說也。其說以為屋承東，術承諄，鐸承唐，昔承清，若呂之代嬴，黃之易芈，以其音之不類也。不知入聲有轉紐，不必皆直轉也，曷不即侵覃九韻思之乎。侵寢沁緝，猶之眞軫震質，清靜勁昔，青迥徑錫，蒸拯證職也。覃感勘合，談敢闞盍，猶之寒旱翰曷，桓緩換末也。鹽琰豔葉，添忝㮇怗，嚴儼釅業，猶之先銑霰屑，仙獮線薛也。咸豏陷洽，銜檻鑑狎，凡范梵乏，猶之刪潸諫黠，山產襉鎋，元阮願月也。推之他韻，東董送屋，唐蕩宕鐸，猶是也。如必以類直轉乃為本韻之入，則此九韻不能轉入矣。緝承侵，合承

咍海代	德	嶝等登
	緝	沁寢侵
	合	勘感覃
	盇	闞敢談
	葉	豔琰鹽
	怗	㮇忝添
	洽	陷豏咸
	狎	鑑檻銜
	業	釅儼嚴
	乏	梵范凡

覃，不亦猶呂嬴黃芈乎。入聲可直轉者，惟支脂之微數韻耳，猥俗者謂孤古故谷爲順轉，不知谷乃公銁所共之入，而孤之入爲各，猶之摹之爲莫惡之爲惡也。余別爲之說曰，平上去入聲之轉也，一轉爲上，再轉爲去，三轉爲入，幾於窮，廑得三十四部，當三聲之過半耳。窮則變，故入聲多不直轉，變則通，故入聲又可同用。除緝合以下九部爲侵覃九部所專，不爲他韻借，他韻亦不能借，其餘二十五部諸韻或合二三韻而共一入，無入者間有之，有入者爲多。諸家各持一說，此有彼無，彼有此無者，皆非也。顧氏之言曰：「天之生物使之一本，文字亦然。」不知言各有當，數韻同一入，猶之江漢共一流也，何嫌於二本乎。數韻同一入，非強不類者而混合之也，必審其音呼別其等第，察其字之音轉偏旁之聲，古音之通，而後定其爲此韻之入。」

戴東原答段若膺論韻書云：「有入者如氣之陽，如物之雄，如衣之表。無入者如氣之陰，如物之雌，如衣之裏。又平上去三聲，近乎氣之陽物之雄衣之表，入聲近乎氣之陰物之雌衣之裏，故有入之入與無入之去近。從此得其陰陽雌雄表裏之相配。而侵已下九韻獨無配，則其爲閉口音，而配之者更微不成聲也。」案顧君考之古音，知入聲可以他轉，（顧以入聲所合之三聲，見其所作古音表。）其言甚是。然謂韻書所配爲誤，則又知其一不知其二者矣。江君正之，知數韻同一入，最爲精諦。而其所作四聲切韻表入聲同用之韻，猶未盡合。戴君研之益精，遂進而言陰陽相配之理。蘄黃君承江戴之說而修訂之，作爲入聲分配陰聲陽聲表，合於古而不戾於今，入聲之說至是始定。陰聲陽聲之名，萌芽於戴君，而定於孔君詩聲類。陰聲卽顧君欲以之合入，而江君所謂無入之韻。陽聲卽韻書入聲之所配者也。茲錄黃君之表如右，而說明其由來。此於古今音理俱關係至重，學者最宜深思。

十八　二百六韻歸併（附韻母及韻攝對照）

平聲	上聲	去聲	入聲	韻母	切韻指掌圖	四聲等子韻攝
東冬鍾	董腫	送宋用	屋沃燭	（公尼）	二	通
支脂之微齊灰	紙旨止尾薺賄	寘至志未霽隊祭廢		（飢尼）	十八十九	止
魚虞模	語麌姥	御遇暮		（孤尼）	三	遇

佳皆咍	蟹駭海	卦怪代泰夬		(該尼)	十七 二十	蟹
眞諄臻文欣魂痕	軫準吻隱混很	震稕問焮慁恨	質術櫛物迄沒	(根尼)	九 十	臻
元寒桓刪山先仙	阮旱緩潸產銑獮	願翰換諫襇霰線	月曷末黠鎋屑薛	(干尼)	七 八	山
蕭宵肴豪	篠小巧晧	嘯笑效號		(高尼)	一	效
歌戈	哿果	箇過		(哥尼)	十一	果
麻	馬	禡		(加尼)	十二	假
江陽唐	講養蕩	絳漾宕	覺藥鐸	(岡尼)	十三 十四	江 宕
庚耕清青蒸登	梗耿靜迥拯等	映諍勁徑證嶝	陌麥昔錫職德	(庚尼)	十六 十五	梗 曾
尤侯幽	有厚黝	宥候幼		(鉤尼)	四	流

侵	寑	沁	緝	（今尼）	六	深
覃談鹽添咸銜嚴凡	感敢琰忝豏檻儼范	勘闞豔㮇陷鑑釅梵	合盍怗葉洽狎業乏	（甘尼）	五	咸

廣韻二百六韻，若不論四聲等呼及古今沿革，（四聲爲一音收音長短之差，等呼爲一音收音開合之差，古今沿革爲一音之正變。）而歸併之，則僅十有四韻。以十四韻收音言之，卽十四韻母耳。是故分之爲三百三十九類，合之爲十四。不知分，則疑廣韻強生輕重，不知合，則迷於音韻之源。宋以後人合併韻書同韻者爲一類，謂之韻攝。自切韻指掌圖列圖二十，併其開合，凡十有三類，尙無韻攝之稱。四聲等子始有通止遇果宕曾流深江蟹臻山效假梗咸十六攝之標目。元劉鑑切韻指南因之。三書爲言韻攝者所宗。今並以韻母附列表下，以爲對照。指掌圖十一十二兩圖開合相併，卽歌戈與麻相併，故較韻母少一，止十三類。四聲等子分江於宕，分曾於梗，卽分江於陽唐，分蒸登於庚耕清青，故爲十六攝。夫歌戈與麻，古音雖同，而今之韻母實異，不容相混，故四聲等子亦分爲果假二攝。若江與陽唐，蒸登與庚耕清青，古音雖異，而今之韻母實同，不能不併，故切韻指掌圖亦合之。今分指掌圖所合者一，而併四聲等子所分者二，故爲十四韻。

十九　音之異同及其概數

音別	聲同韻異	韻同聲異	聲韻畢同	聲韻畢異
概數	41聲類×14韻母×4聲×4等			

音之異同，由聲與韻之異同而來，故區別爲四種。至音之數目，則以聲類與清濁今多有不能辨別者，四聲與等呼又不皆全備，表中所列之式，不過就其極限言之耳，故曰概數。而有音無字者又甚衆，故若以有字之音而言，則其數益少矣。（約兩千音）

二十　反切

上字	下字	所切字
讀時取其發音	讀時取其收音	與上字同聲類

戴君聲韻考云：「經傳字音，漢儒箋注但曰讀如某，魏孫炎始作反語。（案說本顏之推家訓陸德明經典釋文序錄及張守節史記正義論例其實漢末人已知反語）厥後考經論韻，踵相師法。雖孫氏以前未嘗有然言

辭緩急，矢口得聲，如蒺藜爲茨，奈何爲那，之焉爲旃，者與爲諸，之於亦爲諸之類，反語之法適與此合。唐之季避言反而改曰切，其實一也。」又曰：「未有韻書先有反切。反切散見於經傳古籍，論韻者博考以成其書，反切在前，韻譜在後也。」案反切合二字以爲一字之音，上一字定聲，下一字定韻，卽本之一音而含一聲一韻之原理。是以反切之法雖起於漢末，而古時語言有徐呼之爲二音，疾呼之爲一音者所在可考。武進劉氏詩聲衍謂「反切之始先於讀如讀若」，其言諦矣。

分清濁　分等呼及四聲　與下字同韻類

夫聲與韻既無單獨之符號，故任舉其同聲類者以爲上字，讀時只取其發音，辨其清濁，不取其韻。任舉其同韻類者以爲下字，讀時只取其收音，辨其等呼及四聲，不取其聲。此反切之定律。然上字端透定泥四類或與知徹澄娘四類同用，幫滂並明四類或與非敷奉微四類同用，宋人謂之類隔。蓋作切語之時，舌脣二音本無輕重之分也。下字或有以開切合，以合切開，以洪切細，以細切洪者，蓋其韻無同類之字，不得不借他類字作切，或用字偶疏也。二者俱爲例外，可考而知。惟讀一切語而形諸口吻也，上字每連其韻，下字每及其聲。是讀一切語，無異讀二聲二韻，而上字之韻與下字之聲實與所切字無涉，徒作梗於其中。故學者以此爲疑，反切使人難瞭，每覺不如西文拼音之易知。於是有議反切上字改用入聲或陰聲字，使其收音短少，下字改用影類字，使其無發，以便切合。如音韻闡微之合聲法，上一字取支微魚虞歌麻數韻之字，下一字用影喻二母之字。以支微魚虞歌麻數韻直收，而諸韻清聲之字收影紐，濁聲之字收喻紐也。須知一音本由一聲一韻而成立，切語二字卽表此一聲一韻之所在而已。韻雖繁，而收音大齊不出十四韻母，及四聲等呼之差，則見下字而定之矣。聲雖衆，而發聲不出四十一類之異，則見上字而定之矣。兩者旣定，其音自出，無異案圖索驥，豈必待連讀二字之音而後知之耶。

二十一　廣韻切語上字常用字及其音讀

聲類	切語上字常用字	反切	今音誤讀
影十九字	於	央居	或讀如于
	央	於良	
	憶	於力	或讀如意
	伊	於脂	
	衣	於希	
	依	於希	
	憂	於求	
	一	於悉	
	乙	於筆	
	握	於角	或讀如屋
	謁	於歇	
	紆	億俱	或讀如于
	挹	伊入	
	烏	哀都	
	哀	烏開	或溷疑類
	安	烏寒	或溷疑類
	煙	烏前	
	鷖	烏奚	
	愛	烏代	或溷疑類
喻十二字	余	以諸	或讀如如
	餘	以諸	同上
	予	以諸	同上
	夷	以脂	
	以	羊止	
	羊	與章	
	弋	與職	
	翼	與職	或讀如意
	與	余呂	或讀如汝
	營	余傾	或讀開細
	移	弋支	
	悅	弋雪	或讀如熱

爲十四字

	反切	今音誤讀
于	羽俱	
羽	王矩	
雨	王矩	
雲	王分	或溷日類
云	王分	同上
王	雨方	訛讀汪濁
韋	雨非	訛讀隈濁
永	于憬	
有	云久	
遠	雲阮	或讀如輭
榮	永兵	或讀開細
爲	遠支	譌讀合洪
洧	榮美	或讀如賄
筠	爲贇	誤讀如均

字母家以此類十四字與上喻類十二字併爲一類以上十二字爲四等以此十四字爲三等

曉十六字

	反切	今音誤讀
呼	荒烏	或讀如夫
荒	呼光	或讀如方
虎	呼古	或讀如甫
馨	呼形	
火	呼果	或溷敷類
海	呼改	
呵	虎何	或讀合洪
香	許良	
朽	許久	
羲	許羈	
休	許尤	
況	許訪	譌讀如曠
許	虛呂	或讀如黍
興	虛陵	
喜	虛里	
虛	朽居	或讀如書

匣七字

	反切	今音誤讀
胡	戶吳	或讀如扶
乎	戶吳	同上
侯	戶鉤	
戶	侯古	誤父或互
下	胡雅	或讀如唬
黃	胡光	或讀如房
何	胡歌	或讀合洪

見十七字

字	反切	今音誤讀
居	九魚	溷知類豬
九	舉有	
俱	舉朱	溷知類株
舉	居許	溷知類貯
規	居隨	誤讀合洪
吉	居質	
紀	居履	
几	居履	
古	公戶	
公	古紅	
過	古臥	
各	古落	與郭無分
格	古伯	
兼	古甜	
姑	古胡	
佳	古膎	譌家細音
詭	過委	誤讀合洪

溪二十四字

字	反切	今音誤讀
康	苦岡	
枯	苦胡	
牽	苦堅	
空	苦紅	
謙	苦兼	
口	苦后	
楷	苦駭	
客	苦格	
恪	苦各	
苦	苦杜	
去	丘御	
丘	去鳩	
墟	去魚	譌盧或墟
祛	去魚	同上
詰	去吉	或譌如肸
窺	去隨	譌讀合洪
羌	去羊	
欽	去金	
傾	去營	或讀如輕
起	墟里	
綺	墟彼	或讀如倚
豈	祛豨	
區	豈俱	
軀	豈俱	

羣十字

字	反切	今音誤讀
渠	強魚	或讀似除
強	巨良	
求	巨鳩	
巨	其呂	譌據或注
具	其遇	譌屨或注
臼	其九	譌同救
衢	其俱	或讀如除
其	渠之	
奇	渠羈	
暨	具冀	或溷見類

疑十五字

	反切	今音誤讀
疑	語其	或讀如夷
魚	語居	或讀如余
牛	語求	如尤或劉
語	魚巨	
宜	魚羈	
擬	魚紀	
危	魚爲	
玉	魚欲	誤讀如瘀
五	疑古	譌鄔
俄	五何	如阿重讀
吾	五乎	如烏重讀
研	五堅	譌延
遇	牛具	或讀如瘀
虞	遇俱	或讀如余
愚	遇俱	同上

端七字

	反切	今音誤讀
多	得何	誤讀合口
德	多則	
得	多則	
丁	當經	
都	當孤	
當	都郎	
冬	都宗	

透八字

	反切	今音誤讀
他	託何	
託	他各	或讀合口
土	他魯	
吐	他魯	或讀去聲
通	他紅	
天	他前	
台	土來	又讀定聲
湯	土郎	

定十字

	反切	今音誤讀
徒	同都	或譌音頭
同	徒紅	
特	徒得	
度	徒故	多溷端類
杜	徒古	多溷端類
唐	徒郎	
堂	徒郎	
田	徒年	
陀	徒何	或讀合口
地	徒四	或讀如帝

泥六字

	反切	今音誤讀
奴	乃都	或讀如盧
乃	奴亥	或溷來類
諾	奴各	或讀合口
內	奴對	譌類或膩
嬭	奴禮	俗音同乃
那	諾何	或讀如螺

來十五字

	反切	今音誤讀
來	落哀	
盧	落胡	或讀如樓
賴	落蓋	
洛	盧各	或讀合口
落	盧各	同上
勒	盧則	
力	林直	
林	力尋	
呂	力舉	或讀如與
良	呂張	
離	呂支	
里	良士	
郎	魯當	
魯	郎古	或溷厚韻
練	郎電	

知九字	反切	今音誤讀
知	陟離	或誤同貲
張	陟良	或誤同臧
豬	陟魚	或誤同居
徵	陟陵	或誤同增
中	陟弓	或誤同宗
追	陟隹	
陟	竹力	或誤同櫛
卓	竹角	或誤同作
竹	張六	

徹七字	反切	今音誤讀
抽	丑鳩	或溷初類
癡	丑之	同上
楮	丑呂	或溷溪類
褚	丑呂	同上
丑	敕久	或同蓮上
恥	敕里	或讀如此
敕	恥力	或溷初類

澄十一字	反切	今音誤讀
除	直如	或讀如渠
場	直良	或讀如床
池	直離	或讀如慈
治	直之	同上
持	直之	同上
遲	直尼	同上
佇	直呂	或溷溪類
柱	直主	或溷見類
丈	直兩	或讀如帳
直	除力	或讀如職
宅	場伯	譌礫或測

娘三字

	反切	今音誤讀
尼	女夷	譌泥狋夷
拏	女加	譌讀泥類
女	尼呂	或溷喻類

日八字

	反切	今音誤讀
如	人諸	或溷喻類
汝	人渚	同上
儒	人朱	同上
人	如鄰	譌紉倫寅
而	如之	聲韻皆變
仍	如乘	或溷泥類
兒	汝移	聲韻皆變
耳	而止	同上

照十二字

	反切	今音誤讀
之	止而	誤茲
止	諸市	誤子
章	諸良	誤臧
征	諸盈	誤爭
諸	章魚	誤居
煮	章與	誤舉
支	章移	誤貲
職	之翼	誤櫛
正	之盛	誤諍
旨	職矢	誤笫
占	職廉	或誤斬平
脂	旨移	誤咨

字母家以此類字併入下莊類字爲齒音今改正

穿七字

	反切	今音誤讀
昌	尺良	或溷清類
尺	昌石	同上
赤	昌石	同上
充	昌終	同上
處	昌呂	或溷溪類
叱	昌栗	或溷初類
春	昌脣	或溷溪類

字母家以此類字併入下初類字爲齒音今改正

神四字

	反切	今音誤讀
神	食鄰	譌禪邪類
乘	食陵	或譌禪類
食	乘力	多譌禪類
實	神質	同上

字母家以此類字併入下牀類字爲齒音今改正

審十四字

	反切	今音誤讀
書	傷魚	或溷曉類
舒	傷魚	同上
傷	式陽	或溷心類
商	式陽	同上
施	式支	同上
失	式職	同上
矢	式視	同上
試	式吏	同上
式	賞職	同上
識	賞職	同上
賞	書兩	同上
詩	書之	同上
釋	施隻	同上
始	詩止	同上

字母家以此類字併入下疏類字爲齒音今改正

禪十六字	反切	今音誤讀
時	市之	或溷邪鄰
殊	市朱	或溷審類
嘗	市羊	或溷澄類
常	市羊	同上
蜀	市玉	譌燭或俗
市	時止	譌是或試
植	常職	譌置或直
殖	常職	同上
寔	常職	譌是或實
署	常恕	譌曉類煦
臣	植鄰	譌澄類陳
是	承紙	譌跂或使
氏	承紙	同上
視	承矢	同上
成	是征	譌澄類呈
承	署陵	譌乘

字母家以此類字爲齒音今改正

精十三字	反切	今音誤讀
將	即良	或讀如姜
子	即里	
資	即夷	
即	子力	或讀如吉
則	子得	
借	子夜	或溷見類
茲	子之	
醉	將遂	譌祭或既
姊	將几	
遵	將倫	或讀開洪
祖	則古	或讀如走
臧	則郎	
作	則落	或讀合口

清十四字	反切	今音誤讀
倉	七岡	
蒼	七岡	
親	七人	或溷溪類
遷	七然	同上
取	七庚	或讀開細
七	親吉	或溷溪類
青	倉經	同上
采	倉改	
醋	倉故	或溷侯韻
麤	倉胡	或溷侯韻
麄	倉胡	同上
千	倉先	或溷溪類
此	雌氏	今讀開洪
雌	此移	同上

從四十字

	反切	今音誤讀
才	昨哉	
徂	昨胡	
在	昨宰	或誤讀載
前	昨先	或讀如乾
藏	昨郎	
昨	在各	或讀如作
酢	在各	或讀合口
疾	秦悉	譌即或吉
秦	匠鄰	譌勤
匠	疾亮	譌精見類
慈	疾之	
自	疾二	譌精類
情	疾盈	或譌羣類
漸	慈染	或讀如僭

心十七字

	反切	今音誤讀
蘇	素姑	或溷侯韻
素	桑故	或溷候韻
速	桑谷	或讀開口
桑	息郎	
相	息良	或讀如香
悉	息七	或讀如絶
思	息茲	
司	息茲	
斯	息移	
私	息夷	
雖	息遺	或讀開洪
辛	息鄰	或讀如欣
息	相卽	誤與悉同
須	相兪	或讀如西
胥	相居	同上
先	蘇前	或讀如掀
寫	息姐	曉類韻變

邪十字

	反切	今音誤讀
徐	似魚	聲或韻變
祥	似羊	或讀從類
詳	似羊	同上
辭	似茲	同上
辞	似茲	同上
似	詳里	譌寺
旬	詳遵	或讀開細
寺	詳吏	譌字或笥
夕	詳易	與昔無分
隨	旬爲	譌開齊呼

莊七字

	反切	今音誤讀
莊	側羊	譌臧或椿
爭	側莖	
阻	側呂	譌祖或渚
鄒	側鳩	譌諏或輈
簪	側吟	譌碪
側	阻力	譌則或謫
仄	阻力	同上

字母家以此七字併入上照類十二字爲一類以上十二字爲三等此七字爲二等

初八字

	反切	今音誤讀
初	楚居	譌麤或樗
楚	創舉	或讀如楮
創	初良	譌倉或窗
瘡	初良	同上
測	初力	
叉	初牙	
廁	初吏	或讀如測
芻	測隅	譌麤或貙

字母家以此八字併入上穿類七字爲一類以上七字爲三等此八字爲二等

牀十二字

	反切	今音誤讀
牀	士莊	譌藏或幢
鋤	士魚	譌徂或除
鉏	士魚	同上
豺	士皆	
崱	士力	譌則
士	鋤里	譌讀如寺
仕	鋤里	同上
崇	鋤弓	譌淙或重
查	鋤加	
雛	仕于	譌徂或除
俟	牀史	譌讀如試
助	牀據	譌齟或奏

字母家以此十二字併入上神類四字爲一類以上四字爲三等以此十二字爲二等

疏 十字

字	反切	今音誤讀
疏	所菹	譌蘇涑書
疎	所菹	同上
山	所間	
沙	所加	
砂	所加	
生	所庚	
色	所力	
數	所矩	譌藪或黍
所	疏舉	誤讀如瑣
史	疏士	

字母家以此十字併入上審類十四字爲一類以上十四字爲三等以此十字爲二等

幫 十七字

字	反切	今音誤讀
邊	布玄	
布	博故	
補	博古	
伯	博陌	
百	博陌	
北	博墨	
博	補各	
巴	伯加	
卑	府移	
并	府盈	
鄙	方美	或讀如嚭
必	卑吉	
彼	甫委	
兵	甫明	
筆	鄙密	
陂	彼爲	或讀如皮
畀	必至	

廣韻切語以卑以下九字與下非類字同類互用今依字母家分之

滂 六字

字	反切	今音誤讀
滂	普郎	或譌同旁
普	滂古	
匹	譬吉	
譬	匹賜	
披	敷羈	
丕	敷悲	或譌音邳

廣韻切語以披丕二字與下敷類字同類互用今依字母家分之

並十三字

	反切	今音誤讀
蒲	薄胡	
步	薄故	或譌音布
裴	薄回	或譌音毗
薄	傍各	或譌音博
白	傍陌	或譌音伯
傍	步光	
部	蒲口	或讀如布
平	符兵	
皮	符羈	
便	房連	
毗	房脂	
弼	房密	
婢	便俾	或讀如賁

廣韻切語以平以下六字與下奉類字同類互用今依字母家分之

明十二字

	反切	今音誤讀
莫	慕名	
慕	慕故	譌磨或夢
模	莫胡	譌摩或蒙
謨	莫胡	同上
摸	莫胡	同上
母	莫后	譌姥麼蠓
明	武兵	
彌	武移	或譌音枚
眉	武悲	同上
綿	武延	
靡	文彼	或譌音浼
美	無鄙	同上

廣韻切語以明以下六字與下微類字同類互用今依字母家分之

非五字

	反切	今音誤讀
方	府良	或讀如荒
封	府容	或讀如烘
分	府文	或讀如昏
府	方矩	或讀如虎
甫	方矩	同上

敷七字		
	反切	今音誤讀
敷	芳無	或譌音扶
孚	芳無	同上
妃	芳非	與非無分
撫	芳武	與府無分
芳	敷方	或譌音房
峯	敷容	同封
拂	敷勿	同弗

奉十字		
	反切	今音誤讀
房	符方	或讀如黃
防	符方	同上
縛	符钁	或讀如博
附	符遇	與付無分
符	防無	或讀如乎
苻	防無	同上
扶	防無	同上
馮	房戎	或讀如紅
浮	縛謀	或讀如符
父	扶雨	或誤去聲

微六字		
	反切	今音誤讀
巫	武夫	譌烏
無	武夫	烏濁或模
亡	武方	汪濁或邙
武	文甫	譌鄔或姥
文	無分	溫濁或門
望	巫放	譌暀或漭

切語上字，旣爲用以表所切字之聲，則凡與所切字爲雙聲者皆可用之。故同一聲類之切語，其用字有多至二十餘者，少亦五六字或三四字。計四十一聲類切語上字共用字四百五十一。陳君切韻考所分聲類，（參看上表四）即系聯廣韻切語上字而定者也。其言曰：「切語上字，與所切之字爲雙聲，則切語上字同用者互用者遞用者聲必同類也。同用者，如冬都宗切，當都郎切，同用都字也。互用者，如當都郎切，都當孤切，都當二字互用也。遞用者，如冬都宗切，都當孤切，冬字用都字，都字用當字也。今據此系聯之爲切語上字四十類。」（案陳君以明微二類不分，故只四十類。）又曰：「廣韻同音之字不分兩切語，此必陸氏舊例也。其兩切語下字同類者，則上字必不同類，如紅戶公切，烘呼東切，公東韻同類，則戶呼聲不同類。今分析切語上字不同類者，據此定之也。」又曰：「切語上字旣系聯爲同類矣，有實同類而不能系聯者，以其切語上字兩兩互用故也。如多得都當四字，聲本同類，多得何切，得多則切，都當孤切，當都郎切，多與得都與當兩兩互用，遂不能四字系聯矣。今考廣韻一字兩音者，互注切語，其同一音之兩切語，上二字聲必同類，如一東涷德紅切，又都貢切，一送涷多貢切，都貢多貢同一音，則都多二字實同一類也。今於切語上字不系聯而實同類者據此以定之。」今以陳君所系聯者，分列而音釋之。學者最須熟記，否則展一切語不知其聲何屬矣。

二十二　廣韻切語下字分類（一韻只一類或另一類只有脣音者不錄）

平聲韻類	切語下字	上聲韻類	切語下字	去聲韻類	切語下字	入聲韻類	切語下字	等呼
東一	紅公東			送一	貢弄送凍	屋一	木谷祿卜	合
東二	弓戎中宮終融			送二	仲衆鳳 鳳又借以切𩙧	屋二	六逐匊福宿竹菊	撮
支一	移支離知宜羈奇	紙一	氏紙此是豸侈爾 㕧綺倚	寘一	義賜豉智寄			齊
支二	爲垂危吹隨規	紙二	累委詭捶髓毀彼 俾婢弭	寘二	睡僞恚避瑞累			撮
脂一	夷脂飢私尼資肌	旨一	雉几履姊視矢	至一	利四自冀至器二 季悸			齊
脂二	追綏佳遺維眉悲	旨二	誄洧水軌癸累壘 美鄙	至二	寐類遂位醉萃媚 備媿祕			撮
微一	希衣依			未一	既豙			齊
微二	非韋歸微			未二	沸貴未味胃畏			撮
齊一	奚雞稽低兮𨟎			霽一	詣計戾			齊
齊二	圭攜迷			霽二	桂惠			撮

祭一	祭二	泰一	泰二	卦一	卦二	怪一	怪二	夬一	夬二	廢一	廢二
				佳一	佳二	皆一	皆二				
				膎佳	蛙媧緺	諧皆	懷淮乖				
				蟹一	蟹二						
				蟹蟹解豸借買字切	買						
祭一	祭二	泰一	泰二	卦一	卦二	怪一	怪二	夬一	夬二	廢一	廢二
例制罽祭憩	袂蔽弊芮銳衛稅劌歲	蓋太艾大帶	貝外會最	隘懈	卦賣（賣叉借切曬債墼膪）	界戒介鎩誡借拜	怪壞拜	介	夬快邁話	此類刈字借二類肺字切	肺吠廢穢
齊	撮	開	合	開	合	開	合	開	合	齊	撮

平聲	例字	上聲	例字	去聲	例字	入聲	例字	
眞一	鄰人眞巾銀珍	軫一	忍軫引			質一	栗悉七吉質日一乙吒	齊
眞二	倫贇筠春	軫二	殞敏			質二	必畢密律筆（筆借以切乙）	撮
元一	軒言	阮一	偃幰	願一	堰建（建字借万字切）	月一	訐謁竭歇	齊
元二	袁元煩	阮二	遠阮晚	願二	怨願万販	月二	厥伐越月發	撮
删一	姦顏	潸一	赧	諫一	晏澗鴈諫	黠一	黠（黠借八切）殺𧦧札𪘲偺	開
删二	還關班頑	潸二	版板綰	諫二	患慣	黠二	八拔滑	合
山一	閒閑山	產一	簡限	襉一	莧襉	鎋一	鎋瞎轄	開
山二	頑	產二	綰	襉二	辨	鎋二	刮頢	合
先一	前年賢先堅煙田顚	銑一	典殄繭峴	霰一	佃甸電練	屑一	結屑	齊
先二	玄涓	銑二	泫畎	霰二	麵縣絢	屑二	蔑穴決	撮
仙一	然仙延連乾焉	獮一	淺演善輦蹇展翦	線一	箭賤膳扇戰線碾（羨彥借面切）	薛一	列熱竭薛	齊
仙二	緣泉全專宣川員權圓攣	獮二	兖轉緬篆免	線二	面絹囀倦椽戀眷釧卷變	薛二	滅劣爇啜絕雪悅	撮

戈一	戈二	戈三	麻一	麻二	麻三	陽一	陽二	唐一	唐二	庚一	庚二
禾和戈波婆	伽迦	靴肥骴	加牙	巴花瓜華	遮嗟邪賒車奢	章羊張良陽莊	王方	郎當剛岡	光黃旁	行庚（此類趟字借盲字切）	橫盲
			馬一	馬二	馬三	養一	養二	蕩一	蕩二	梗一	梗二
			下雅賈	瓦寡	也者野冶姐	兩奬掌丈	往	朗黨	廣晃	杏梗䁝（䁝字借猛字切）	猛
			禡一	禡二	禡三	漾一	漾二	宕一	宕二	映一	映二
			駕亞訝諑	霸	謝夜	亮讓樣向	況放訪妄	浪宕	曠謗	更（更瀴倀牚等字借孟字切）	孟
						藥一	藥二	鐸一	鐸二	陌一	陌二
						灼略若爵虐約藥勺雀	钁縛籰	落各	穫郭博	格（格嘖嚄齚宅額踖借伯白陌切）	伯陌白
合	齊	撮	開	合	齊	齊	撮	開	合	開	合

平	字	上	字	去	字	入	字	呼
庚三	卿京驚	梗三	景影（影字借丙字作切）	映三	慶敬	陌三	戟劇卻逆	齊
庚四	明榮兵	梗四	永憬	映四	病命			撮
耕一	莖耕			諍一	諍（諍櫻借迸字作切）	麥一	核革責戹摘	開
耕二	宏萌			諍二	迸	麥二	獲麥擱	合
淸一	情盈成征貞	靜一	靜郢井整			昔一	昔迹益亦隻石積炙易	齊
淸二	傾營幷	靜二	潁頃			昔二	辟役（役借隻字作切）	撮
靑一	經靈刑丁	迥一	梃鼎涬頂醒剄			錫一	歷激擊狄	齊
靑二	扃螢	迥二	迥熲			錫二	闃狊鶪	撮
						職一	翼力職卽	齊
						職二	逼	撮
登一	滕增恆登棱					德一	則德得黑勒	開
登二	弘肱朋崩					德二	北墨或國	合

廣韻有一韻而分數等者，皆以切語下字定之。陳君切韻考據此以考定廣韻韻類。（參看上表十五）其言曰：「切語下字與所切之字爲疊韻，則切語下字同用者互用者遞用者韻必同類也。同用者，如東德紅切公古紅切同用紅字也。互用者，如公古紅切紅戶公切紅公二字互用也。遞用者，如東德紅切紅戶公切東字用紅字紅字用公字也。今據此系聯之爲每韻一類二類三類四類。」又曰：「廣韻同音之字不分兩切語，此必陸氏舊例也。其兩切語上字同類者，下字必不同類。如公古紅切，弓居戎切，古居聲同類，則紅戎韻不同類。今分析每韻二類三類四類者，據此以定之。」又曰：「切語下字既系聯爲同類矣，然亦有實同類而不能系聯者，以其切語下字兩兩互用故也。如朱俱無夫四字，韻本同類，朱章俱切，俱舉朱切，無武夫切，夫甫無切，朱與俱無與夫兩兩互用，遂不能四字系聯矣。今考平上去入四韻相承者，其每韻分類亦多相承，切語下字既不系聯而相承之韻又分類，乃據以定其分類，否則不系聯實同類耳。」案陳君所分韻類有未盡合者，已正之於前。（見表十五）茲就有二類三類四類之韻切語下字分其開合齊撮，亦可爲初治廣韻者之一助。惟須知脣音無開口，切語下字凡以開口字切脣音者，仍歸之合口。亦間有開合洪細互相爲切者，則讀者所宜詳考，不可但憑脣吻而定之也。

二十三　注音符號與聲類韻母比較

（一）注音符號與聲類比較

聲類	符號聲母	說明
影		注音符號韻母皆屬影類以一韻之影聲字即其韻之韻母也
喻		喻爲兩類皆影類之濁不別立符號蓋清濁今惟平聲能分凡清濁聲注音符號皆併爲一名平聲之清爲陰平濁爲陽平凡陽平及上去入各於其符號四角加一點以識別而已下倣此
爲		
曉	ㄏ ㄒ	洪音用ㄏ細音用ㄒ洪細之分本在韻而符號於喉牙之聲亦分之
匣		曉之濁同用ㄏㄒ說見前
見	ㄍ ㄐ	洪音用ㄍ細音用ㄐ說見前
溪	ㄎ ㄑ	洪音用ㄎ細音用ㄑ
羣		溪之濁同用ㄎㄑ
疑	ㄫ ㄬ	洪音用ㄫ細音用ㄬ
端	ㄉ	
透	ㄊ	
定		透之濁同用ㄊ

泥	ㄋ	
來	ㄌ	
知	ㄓ	
徹	ㄔ	
澄		徹之濁同用ㄔ
娘		併入疑類細音注音用ㄫ
日	ㄖ	
照		併入知類或淸類注音用ㄓ或用ㄗ
穿		併入徹類或淸類注音用ㄔ或用ㄘ
神		併入澄類或禪類注音用ㄔ或用ㄕ
審	ㄕ	
禪		審之濁同用ㄕ
精	ㄗ	

淸	ㄘ	
從		淸之濁同用ㄘ
心	ㄙ	
邪		心之濁同用ㄙ
莊		併入精類或知類注音用ㄗ或用ㄓ
初		併入淸類或徹類注音用ㄘ或用ㄔ
牀		併入從類或澄類注音用ㄘ或用ㄔ
疏		併入心類或審類注音用ㄙ或用ㄕ
幫	ㄅ	
滂	ㄆ	
並		滂之濁同用ㄆ
明	ㄇ	
非	ㄈ	

敷		今音與非無分同用ㄈ
奉		敷之濁亦同用ㄈ
微	万	

(二)注音符號與韻母比較

韻母	符號韻母	說明
(公尼)	ㄥ	廣韻東冬鍾及庚耕清青蒸登（舉平包上去）皆用ㄥ北音如是
(飢尼)	ㄟ一ㄦ	灰支脂之微齊祭廢質櫛迄昔錫緝等韻洪音用ㄟ細音用一又可加於他韻母上（除ㄨㄩ外）以表齊齒呼ㄦ則用以注支脂之齊等韻中之兒耳二等字
(孤尼)	ㄨㄩ	模及屋沃燭術物沒用ㄨ魚虞用ㄩㄨ又可加他韻母上（除一ㄩ外）以表合口呼ㄩ又可加他韻母上（除一ㄨ外）以表撮口呼一ㄨㄩ稱三介母蓋其餘韻母皆開口也
(該尼)	ㄞ	佳皆咍及泰夬等韻皆用ㄞ
(根尼)	ㄣ	眞諄臻文欣魂痕及侵韻皆用ㄣ

(干尼)	ㄢ	元寒桓刪山先仙及覃談鹽添咸銜嚴凡等韻皆用ㄢ
(高尼)	ㄠ	蕭宵肴豪等韻皆用ㄠ
(哥尼)	ㄛ ㄜ	歌戈及覺曷末藥鐸合盍等韻皆用ㄛ陌麥德等韻皆用ㄜ原只有一ㄛ母後又分出ㄜ母以別之
(加尼)	ㄚ ㄝ	麻及黠鎋洽狎乏等韻皆用ㄚ麻韻中車遮蛇奢等字及月屑薛怗業等韻皆用ㄝ
(岡尼)	ㄤ	江及陽唐等韻皆用ㄤ
(庚尼)		併入ㄥ
(鉤尼)	ㄡ	尤侯幽等韻皆用ㄡ
(今尼)		併入ㄣ
(甘尼)		併入ㄢ

吾土聲與韻素無單獨之符號，故反切之法任舉同聲類者以爲上字任舉同韻類者以爲下字，用字既嫌繁多，讀時又難吻合，初學之士疑惑難通。迄民國二年北京教育部開讀音統一會，始製定注音字母三十九文，其中表聲者二十四，表韻者十五。九年教育部國語統一籌備會又於韻母中增加一ㄜ母，共爲四十母。今又改稱字母爲符號。其形體皆借用筆畫最簡單之字爲之。（除ㄚ万ㄜ三文外餘皆見說文解字）其讀法，聲母以其本音之入聲德韻及平聲支韻雙聲讀之，使其下收音短少，韻母則以其本音影類疊韻讀之，（除ㄜ母外皆讀平聲，除一ㄨㄩ三母外，皆讀開口音。一ㄨㄩ即上表十所引劉熙載四音定切之所謂意烏於也。）使其上無發。於是矢口成音，舉眸識體，法至簡易，童孺能知。蓋師音韻闡微合聲法之意也。（說見上表二十）注音符號之所以成立蓋在乎此。較之舊日反切，童蒙習見白首茫然者不有間乎。或病其五聲相溷，平入錯雜，橫決支離，謬於音理。不悟聲類韻類之分，陰陽輕重之辨，所以究古今聲音之變，探語言文字之原，本以喻夫高深，非爲淺薄者道。若注音符號者，不過以曉平庸，一音讀，避其難深，趨於近似而已。本末不同，難易異致，聊存辜搉，何必病焉。

下篇　古音之屬

一　音之變遷

口舌發音，位止方寸，圜神爲德，流動不居。陳第讀詩拙言曰，「一郡之內，聲有不同，繫乎地者也。百年之中，語有遞轉，繫乎時者也。」閻若璩尙書古文疏證曰，「人知南北之音繫乎地，不知古今之音繫乎時。地隔數十百里，音卽變易，而謂時歷數千百載音猶一律，尙得謂之通人乎。」案劉熙釋名云，「天豫司兗冀以舌腹言之，天顯也，在上高顯也。青徐以舌頭言之，天坦也，坦然高遠也。」鄭玄中庸注云，「齊人言殷聲如衣。」此音變屬於地之說也。鄭君毛詩箋云，「古聲塡寘塵同。」釋名又云，「車古者曰車，聲如居，言行所以居人也。今曰車，聲近舍，車舍也，行者所處若居舍也。」此音變屬於時之說也。夫音以地變，猶可耳求，若以時變，則非好學深思博極載籍者莫能曉。蘄黃君云，『段君有音韻隨時代變移說，略云，「唐虞而下隋唐而上，其中變更甚多。音韻之不同，必論其世，約而言之，唐虞夏商周秦漢初爲一時，漢武帝洎漢末爲一時，魏晉宋齊梁陳隋爲一時。古人之文具在，凡音轉音變四聲，其遷移之時代皆可尋究。」』今案段君言音韻

屬於地者	屬於時者
方音流變	古今異讀

當論其世是也，而所分時代只得大齊，實則音韻遷流，百年前後卽生區畛，以今驗古，足信其然。惟音用圓神，蛻代之迹不甚明了，必合數百年觀之，差別始大顯耳。」又云「以說文形聲偏旁論之，存從子才聲，此與在一音一義也，而詩之存字已入痕韻，元從一兀聲，此與原異音異義也，而經傳多用爲同字，是音之變可明者一也。詩之龍字皆在東韻，而楚辭以韻游，（以音理言之猶農有猱音）是戰國時楚音如此，今我荆湖南北皆無此音，是音之變可明者二也。方言所載楚語，今多不存，而今之楚語多爲方言所稱爲他國之語。是音之變可明者三也。古雖有一字數讀，然不異紐則異韻，未有不易紐韻而徒以音之輕重表意者，漢人厚薄主簿有分，（薄卽簿字之變）荼毒荼遲有分，無爲相爲有分，相與干與有分，奇偉奇偶有分，旅祭旅陳有分，卽四聲成立之漸，是音之變可明者四也。古有平入而已，其後而有上去，然陸法言以前無去不可入，切韻之後，去入始有嚴介，宋人詞律於去聲尤謹，是音之變可明者五也。榷舉數條，而音從時變之義已憭。」案廣韻佳街同音，今讀佳如家細音，所㾓同音，今讀所如瑣，戊茂同音，今讀戊如務，玉魚欲切，今多讀玉如瘀，支之諸韻兒而等字，麻韻邪些等字，今讀皆與之迥異，如此者甚夥，是廣韻之後聲音不同之證也。

二　求古音資料

資料	舉例	
	屬於韻者	屬於聲者
古代韻文	如詩關雎以得服哉側韻，終南以有梅止裘哉韻	對字如詩楚茨我倉既「盈」我庾既「億」，連字如左昭十三傳奉壺飲冰以「蒲伏」焉

古書通借	如易箕子之明夷劉向曰今易作荄茲少牢饋食禮注來讀曰釐	如詩實惟我「特」韓詩作「直」「匍匐」救之檀弓引作「扶服」
說文形聲	如能從目聲海從每聲	如耏[illegible]從而聲菔從𠬝聲匐從畐聲
重文讀若	如柩籀文作匶玖讀若芑	如紑或作䋷周禮太卜注陟讀如王德翟人之德
音訓	如白虎通龜久也說文尤異也	如周禮太卜注陟之言得也釋名負背也
方言	如章君云衡嶺間呼子如宰以之韻縱口呼之此合於古韻者也	如錢竹汀云今人呼鰒魚爲鮑魚此方音之存古者

古無韻書，吾人今日得以考見古音者，略如上表所列。觀所舉例，於古之聲韻不同於後世廣韻及字母家所言，略見一斑矣。本師黃君有論據說文以求古音之正變，及論據詩經以考古音之正變二文，茲錄之如下，以資參考。其論據說文以求古音之正變云『自吳棫以來，探討古音者，率據古有韻之文，如詩易楚詞之屬，以求古音之眞，其弊有三。一者，但能得韻而不能得聲，或但能得聲而不能得韻。如云「古讀華爲敷」，華不妨有敷音，而云皆讀爲敷，則今聲之華讀戶瓜切者，究從何出。又云「古讀慶爲去羊切，古讀侯爲胡」，其聲不謬，而韻類大非矣。二者，執字有定音，拘於韻部，偶有異同，則別立名目，是故有叶音之說，有合音之說。其煩碎者又多立稱號，徒使人眩亂而不得其眞。不知音學雖繁，聲韻兩字足以握其錧鑰，而二者中縱蕃衍萬狀，必有一不變者以爲之根。是故判分惟恐其不精，而轉變則仍無所閡。古音家於此多未棣通，是以往往有鎃析之病也。三者，嬗變之理至微，雖一字之音同時可以異讀。

古韻家橫存一正變之見，或謂詩音爲正，雖易傳亦有方音，或謂古韻謹嚴，至後世乃通叶稍廣。不悟音之變轉皆有成規，古之音不自知爲正，後之音亦不自知爲變，雖分合之迹不可泯，而主奴之見必不可存。所以顧亭林欲反三代之音，竟成爲釀嘲之論也。近世講說文者，多卽以求古音，於是造字時之音理稍稍可說。玆述其術如下。一、說文形聲字爲數至多，據偏旁以求音，除後世變入他韻者，大概可以得其緦理。如移䔟迻移皆從多聲，而入喩，哆痑則入端，眵侈鉹誃姼垑則入穿，此可明多之爲聲兼入喉舌也。蔿寪[爲鳥][門爲]皆從爲聲，而入爲，[阝爲]撝則入曉，嬀鄬則入見，譌僞則入疑，此可知爲之爲聲兼入喉牙也。此依形聲得聲之本之一術也。二說文重文字爲數至多，可以得韻類同部之關係。如髡或作髨，髨實從元聲，可以知兀元本爲同韻也。瓊或作琁，琁實從旋省聲，可以知夐旋本爲同部也。此依重文得聲之本之又一術也。三、說文訓釋往往取之同音，如天之訓顚，知天顚後世音異，而古人之讀可通。「吏治人者也，」知吏治後世音異，而古人之讀可通。自此以後，帝諦禮履諸文，吏僕難數。要之說文說解中字與聲韻無干者至尠。此依說解得聲之本之又一術也。（一訓爲始，元亦訓爲始，此中皆有聲音之關係，惟丕訓爲大，上訓爲高，純以義訓，不關聲音耳。）據許書以推音之變者，一據重文，二據說解，三據讀若，四據無聲字而細索其音，五據有聲之字而推其變。據重文者，重文之字取聲多在同部，而亦有在異部者，則其變也。是故玭之重蠙，比在古韻灰屬，賓在古韻先屬，此可悟灰先相轉也。祡之重𥛚，此在古韻齊屬，隋在古韻歌屬，此可悟齊歌相轉也。乃至一鶃字也，而重作鷊鷁，此可知齊通錫鐸也。一瓊字也，而重作璚瓗琁，此可知青通沒齊寒也。雖從隹聲在灰，重文爲隼，蜀本從凡省聲，則入痕屬矣。扈從戶聲在模，重文作屺，則入添屬矣。據重文以得音變，此類是也。據說解者，說解兼用疊韻雙聲，而用雙聲者即可得韻之變。旁訓溥，上唐而下模，唐模固對轉也。祈訓求，上痕而下咍，痕咍固相轉也。（存思兩字一自咍入痕一自痕入咍）禍訓害，歌入曷，平之趨入也。禁訓忌，覃入咍，聲之近變也。（應從音聲即是其例）凡說文雙聲之訓，幾無不有韻可言。據說解以得音變，此類是也。據讀若者，說文取讀，大氐用彼時之音，而古音與漢世之異，於斯可得。其本在同部者不必論也，轉入異部，即可知韻轉之理。如「𪎊讀舂麥為𪎊之𪎊」而舂麥之𪎊實應作𣀔，此可知寒轉入曷矣。「蠸讀蜀布名」而布名之字實應作縳，此可知由曷轉入寒矣。若夫犾讀若銀，以痕讀沒，呑讀几，以咍讀登，——兼囟退二音，知痕沒相轉。㗊兼戢呶二讀，知合豪共居。據讀若以推音變，此類是也。據無聲字者，說文之字，有本有聲而不言聲者，道從辵從首，實首聲也，皆從比從白，實比聲也。（此舉二徐所皆不言者，若大徐言聲，小徐不言，或小徐言聲，大徐不言，不在此例。）有本有聲而得聲之後已轉，因而不言者，如天（從大實大聲由曷轉先）熏（從黑實黑聲由德轉痕）佘（從入實入聲由合轉灰）悉（從心實心聲由覃轉屑）是也。由此推測聲音之變，皦然若合符之復析。據無聲字以推音變，此類是也。據有聲者，如祼從果聲而讀古玩反，是由歌轉寒。玭從比聲而讀步因反，是由灰轉先。玟從文聲，痕也，而轉灰，讀莫桮反。艿從乃聲，咍也，而轉登，轉如乘反。此類變化，與前者其實同科，不過一則說文言聲，一則說文不言聲耳。論據詩經以考古音之正變云，『昔「大行人屬瞽史諭書名聽聲音，」則域內之言語無異聲矣。「大司樂以樂語教國子，」則詩歌之諷誦無異聲矣。居今日而欲考古人之聲韻，誠哉其莫能離三百篇也，然古音漸變，至切韻之作，而與古分別之蹟浸顯。陸德明於燕燕詩以南韻心，有讀南作尼心切者，陸以為「古人韻緩不煩改字，」其於召南華字注云，「古讀華為敷，」此其顯言古今音之不同者。此外徐邈沈重師古李善諸人有「叶韻」之說，夫古韻固亦有通叶，（陳季立竟謂古無叶音則又非）要非與今韻相叶也。自此理不明，而後吳棫之流始任意爲詩補音，乃成一非今非古之韻書。明世楊愼漸知古韻寬緩之理，陳第繼之，專求本音，於是古音之道荆榛悉拔。淸代顧江段孔諸人相繼探討，而詩音由此大明，卽廣韻之理亦得有所根據。此音學中不可忘之偉績也。今述其探討之術如次。

(一)就詩句末字以求韻，或就句中連字對字以求韻，參伍比較，定其孰爲正孰爲通。

(二)就詩之連字或對字以求聲類相通之常例。

(三)就詩之連字或對字以求聲類相通之變例。

一、就句末字者，如李涪刊誤所舉杕杜篇「有杕之杜（廣韻姥） 其葉湑湑（語） 獨行踽踽（麌） 豈無他人不如我同父（麌）」又大東篇「周道如砥（旨） 其直如矢（旨） 君子所履（旨） 小人所視（紙） 睠言顧之，潸然出涕（薺）」此等韻在切韻雖分屬數韻，而詩旣通諧，在古必爲一韻，可無疑也。孔廣森詩聲分例述此等用韻例甚多，（偶韻例，奇韻例，偶句從奇韻例，疊韻例，空韻例，二句獨韻例，末二句換韻例，兩韻例，三韻例，四韻例，兩韻分叶例，兩韻互叶例，兩韻隔叶例，三韻隔叶例，四韻隔叶例，首尾韻例，二句不入韻例，三句不入韻例，二句間韻例，三句四句間韻例，聯韻例，續韻例，助字韻例，其中諸條，以續韻例一條爲最精。）要皆在句末者也。所謂定其正通者，如裘聲之字詩或與咍韻字叶，或與蕭韻字叶，較其多少論之，知在蕭正而在咍通也。禺聲之字詩或與侯韻字叶，或與東韻字叶，較其多少論之，知在侯正而在東通也。就句中連字者，兔罝武夫，連文韻也，蜉蝣，倉庚，連語韻也。就句中對字者，肅肅兔罝二句，肅赳兔武相對爲韻，伐其條枚兩句，條調相對爲韻。此等用韻例亦甚多，（有韻上韻，句首韻，句中韻，首尾韻，回環韻，本句自韻，隔叶句中隔韻，隔章疊韻例。）要皆在句中者也。

二、就連字以考聲類相通之常者，舉例如次。

匍匐救之　匍匐雙聲　古皆在竝母　領如蝤蠐　蝤蠐雙聲　古皆在從母

熠燿其羽　熠燿雙聲　古皆在影母　相其陰陽　陰陽雙聲　古皆在影母

就對字以考聲類相通之常者，舉例如次。

安且燠兮　安燠雙聲　古皆在影母　雞鳴喈喈雞鳴膠膠　喈膠雙聲　古皆在見母

顛之倒之　顛倒雙聲　古皆在端母　或以其酒不以其漿　酒漿雙聲　古皆在精母

三、就連字以考聲類相通之變者，舉例如次。

我心蘊結　蘊結連言一影一見是影與見通　威儀棣棣　威儀連言一影一疑是影與疑通

出其闉闍　闉闍連言一影一端是影與端通　猗嗟昌兮　猗嗟連言一影一精是影與精通

就對字以考聲類相通之變者，舉例如次。

荒蘩　赫炎　此曉影之通　漢江　兄君　此曉見之通

休求　濊揭　此曉羣之通　畜報　鄉北　此曉邦之通

就詩文求聲較之求韻其用尤大，此在近日乃研究及之者也。（錢十蘭有詩音表，啓關之功甚偉，而書未甚精。」）

案已上皆就語言文字以求古音，然語言文字之音有變，而物之聲音則無變，設就不變者以求之，其資料尤爲足據。如牟爲牛鳴，芈爲羊鳴，𣪊爲擊空聲，闛爲門聲，鼞爲鼓聲，瑲爲玉聲，鋃鐺之狀鎖聲，令丁之狀鈴聲，以及丁丁嚶嚶，節節足足之類皆是。此亦考古音者所不可廢也。

三　求古音方式及其系統

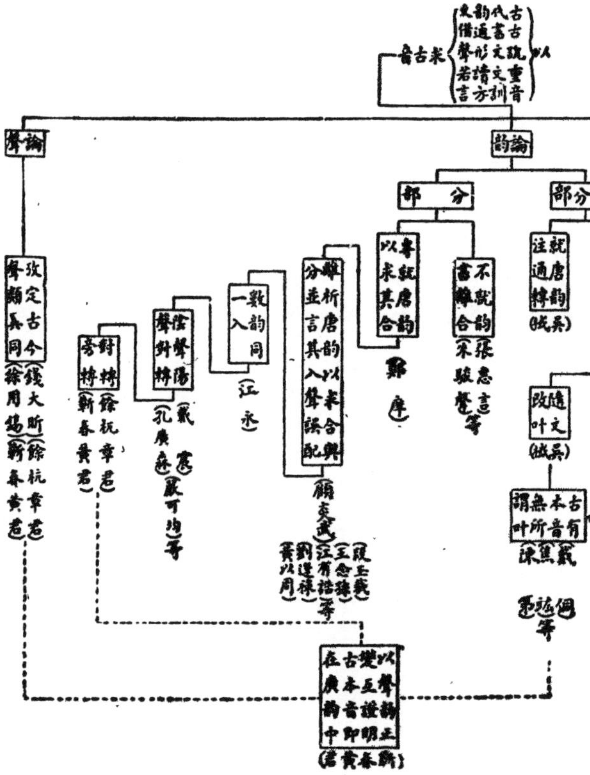
以
古代韻東
古書通借
讀文形聲
重文諧若
音訓方言
求古音
聲論
韻論
音論
分部
不分部
就字分別古今音異
(鄭玄 劉熙等)
就唐韻注通轉
(吳棫)
就詩取韻
(沈重 陸德明等)
隨文改叶
(吳棫)
古有本音無所謂叶
(戴侗 焦竑 陳第等)
就唐韻以求其合
(鄭庠)
不就韻書求合
(張惠言)(朱駿聲)等
離析唐韻以求合與分並言其入聲韻配
(顧炎武)
(段玉裁)(王念孫)(江有誥)(劉逢祿)(黃以周)等
數韻同一入
(江永)
陰陽聲對轉
(戴震)(孔廣森)(嚴可均)等
對轉旁轉
(餘杭章君)(蘄春黃君)
攷定古今聲類異同
(錢大昕)(徐用錫)(餘杭章君)(蘄春黃君)
以聲韻互證明古本音即在廣韻中
(蘄春黃君)

古今音異之說，漢儒雖已言之，（見前，）歷唐訖宋，無大發明。唐陸德明毛詩音義引徐邈沈重諸人協韻取韻協句之說，雖大致就詩求音，與後人漫從改讀名之爲叶者有殊，又其於召南華字云「古讀華爲敷」，於鄘風南字云「古人韻緩不煩改字，」雖亦顯言古人音讀及古韻今韻之不同，然俱無詳明尋求之說。宋吳棫韻補一書就二百六韻注「古通某」「古轉聲通某」「古通某或轉入某」事屬草創，分合多疏。其毛詩叶韻補音隨文改讀，殊無指歸。朱熹因之。如召南行露二章之家叶音谷以諧獄，三章之家叶各空反以諧訟，騶虞首章之虞叶音牙以諧葭豝，二章之虞叶五紅反以諧蓬豵，謬誤支離，尤爲無當。於古之正音古之部分，蓋茫乎未之知也。元明以來，淺學之徒尠有悟其非者。然前有戴侗後有焦竑陳第皆力斥叶音之謬。戴氏六書故曰：「經傳行皆戶郎切，未嘗有協生韻者。慶皆去羊切，未嘗有協敬韻者。如野之上與切，下之後五切，皆古正音，非叶韻也。」焦氏筆乘曰：『詩有古韻今韻，古韻久不傳，學者於毛詩離騷皆以今韻讀之，其有不合，則強爲之音，曰此叶也，予意不然。如騶虞一虞也，既音牙而叶葭與豝，又音五紅反而叶蓬與豵；好仇一仇也，既音求而叶鳩與洲，又音渠之切而叶逵。如此，則東亦可音西，南亦可音北，上亦可音下，前亦可音後，凡字皆無正呼，凡詩皆無正字矣，豈理也哉。如下今在禡韻，而古皆作虎音，擊鼓云「于林之下，」上韻爲「爰居爰處，」凱風云「在浚之下，」下韻爲「母氏勞苦，」大雅縣「至於岐下，」上韻爲「率西水滸」之類也。服今在屋押，而古皆作迫音，關雎云「寤寐思服，」下韻爲「展轉反側，」有狐云「之子無服，」上韻爲「在彼淇側，」騷經「非時俗之所服，」下韻爲「依彭咸之遺則，」大戴記孝昭冠詞「始加昭明之元服，」下韻爲「崇積文武之寵德」之類也。降今在絳押，而古皆作攻音，草蟲云「我心則降，」上韻爲「憂心忡忡，」騷經「惟庚寅吾以降，」上韻爲「朕皇考曰伯庸」之類也。澤今在陌押，而古皆作鐸音，無衣云「與子同澤，」下韻爲「與子偕作，」郊特牲「草木歸其澤，」上韻爲「水歸其壑昆蟲無作」之類也。此等不可殫舉，使非古韻而自以意叶之，則下何皆音虎，服何皆音迫，降何皆音攻，澤何皆音鐸，而無一字作他音者耶。離騷漢魏去詩人不遠，故其用韻皆同。世儒徒以耳目所不逮而鑿空附會，良可嘆矣。』陳第毛詩古音考序曰：「時有古今，地有南北，字有更革，音有轉移，亦勢所必至。故以今之音讀古之作，不免乖剌而不合。於是悉委之叶，夫其果出於叶也，作之非一人，采之非一國，何以母必讀米，非韻杞韻止，則韻祉韻喜矣。馬必讀姥，非韻組韻黼，則韻旅韻土矣。京必讀疆，非韻堂韻將，則韻常韻王矣。福必讀偪，非韻食韻翼，則韻德韻億矣。厥類實繁，難以殫舉，其矩律之嚴，卽唐韻不啻，此其故何耶。又易象左國楚辭秦碑漢賦，以至上古歌謠箴銘頌贊，往往韻與詩合，實古音之證也。或謂三百篇詩詞之祖，後有作者規而韻之耳，不知魏晉之世古音頗存，至隋唐澌盡矣。唐宋名儒，博學好古，間用古音以炫異燿奇則誠有之，若讀垤爲姪，以與日韻，堯戒也。讀明爲芒，以與良韻，皋陶歌也。是皆前於詩者，夫又何放。且讀皮爲婆，宋役人謳也。讀丘爲欺，齊嬰兒語也。讀兄爲荒，晉輿人謠也。讀裘爲其，魯朱儒謔也。讀作爲詛，蜀百姓辭也。讀口爲苦，漢白渠誦也。又家，姑讀也，秦夫人之占。懷，回讀也，魯聲伯之夢。旂，芹讀也，晉滅虢之徵。瓜，孤讀也，衞良夫之譟。彼其閭巷贊毀之間，夢寐卜筮之頃，何暇屑屑模擬，若後世吟詩者限韻耶。愚少受詩家庭，竊嘗留心於此。晚年獨居海上，惟取三百篇日夕讀之。

懼子姪之學詩不知古音也，於是稍爲考據列本證旁證二者，本證者，詩自相證也，旁證者，采之他書也。二者俱無，則宛轉以審其音，參伍以諧其韻，無非欲使便於歌詠可長言嗟嘆而已矣。」古今音異之理，至此復炳焉大明。惟三君之言，亦粗具歸納證明之方，仍無綜核條貫之術。故其所得偏而未全。古今韻部異同，亦未嘗道及。首言古韻部居者，爲宋鄭庠。而規模始立，緒論莫傳。江有誥云：「鄭氏庠作古音辨，始分六部，雖分部至少，而仍有出韻，蓋專就唐韻求其合，不能析唐韻求其分，宜無當也。」至崑山顧氏始能離析唐韻以求古韻，而知其入聲可以他轉，（見上篇表十七。）上下古今考其異同。其所作古音表，分古韻爲十部，離合處雖未能精，則婺源江氏之所謂「考古之功多，審音之功淺」耳。江氏繼之，知數韻同一入。休寧戴氏更明陰陽配合之理，（俱見上篇表十七。）曲阜孔氏因之以作詩聲類。曰：「今據唐韻以上求漢魏人詩歌銘頌，已合者半，否者半，據漢魏人之文以上求三百篇，又合者半，否者半。雖然，所合與否，固皆有蹤跡理絡可尋而復也。竊嘗基於唐韻，階於漢魏，躋稽於二雅三頌十五國之風，而繹之，而審之，而條分之，而類聚之，久而得之，有本韻，有通韻，有轉韻。通韻聚爲十二，取其收聲之大同。本韻分爲十八，乃又剖析於斂侈淸濁豪釐纖眇之際。曰元之屬，耕之屬，眞之屬，陽之屬，東之屬，冬之屬，侵之屬，談之屬，是爲陽聲者九。曰歌之屬，支之屬，脂之屬，魚之屬，侯之屬，幽之屬，宵之屬，之之屬，合之屬，是爲陰聲者九。此九部者，各以陰陽相配，而可以對轉。其用韻疏者，或耕與眞通，支與脂通，蒸侵與冬通，之宵與幽通。然所謂通者，非可全部掍殽，間有數字借協而已。」烏程嚴氏繼之，以作說文聲類。曰：「可均以爲漢儒去古未遠，而說文幸存。說文諧聲，財六之一，實逾太半。竊據其成業，撰說文聲類二篇。以聲爲經，以形爲緯。爲檢字者之不易，輒借廣韻二百六部建立標題。分爲十六類，合爲八類，又大合爲四類。衆類聯比，各循其次，上不關通，陰陽混一，順逆互轉，首尾循環。其合也一統無外，其分也豪釐有辨。」餘杭章君復本孔嚴二家之說，以作成均圖。而有對轉旁轉次旁轉次對轉交紐轉隔越轉之說。（見國故論衡文多不錄）。無非欲使韻部轉變，曲達旁通，皆有蹤跡理絡之可尋也。論韻者至此，可謂發揮盡致，差無餘恨矣。若夫考定古今聲類之異同，則始於嘉定錢氏。其所作古無輕脣音及舌音類隔之說不可信二文，（見十駕齋養新錄）謂「凡輕脣之音古皆讀重脣，知徹澄三母以今音讀之，與照穿床無別也；求之古音，則與端透定無異。」徐用錫字學音韻辨（見華亭沈大成抄本）曰：「等韻舌音端透定泥是矣。知徹澄娘不與照穿等同乎？曰：此古今異耳。今惟娘字尚有古音，然亦有順知徹澄而讀若穰者。知古讀若低，今讀若支，徹古讀若鐵，今讀若赤折切，澄古讀若登之下平，今讀若懲，故曰舌上音。自端透定泥爲舌頭，知徹澄娘爲舌上，精清從心邪爲輕齒，照穿床審禪爲重齒，幫滂並明爲重脣，非敷奉微爲輕脣，皆分兩類。今閩音尙於知徹澄娘一如古呼，不爾，豈舌音少四聲而齒音獨多四聲，斯亦不倫之甚矣。」餘杭章君繼之，以作古音娘日二紐歸泥說，（見國故論衡）謂「古音有舌頭泥紐，其後支別，則舌上有娘紐，半舌半齒有日紐，於古皆泥紐也。」由是古今聲類有異之論又定矣。蘄春黃君近承章君之學，遠紹鄭劉焦陳之業，以聲韻正變互證，明古音卽在廣韻中，定古本聲十九類，古本韻二十八部，（說俱見後。）聲韻既定，無字不可以讀古音，遂使三古遺言，盡存吾人之喉舌。解諸家之紛難，集斯學之大成，海內言聲韻者，莫不以爲依歸，古字古義，得以理析而無隱，業之盛者，無逾於此矣。

四　聲韻條例古今同異

本師黃君曰：「從前論古韻者，專就說文形聲及古用韻之文以求韻部，專就古書通借字以求聲類，而與音理或不了然。是以古韻家所作反切往往世無此音。至於錢竹汀，音學之魁碩也，能知古無舌上，爲一大發明矣，而云「古舌齒互通，」泯五聲之大介。嚴鐵橋亦古韻之專家也，能知十六韻類展轉皆通，而絕去一切牽強之條例矣，而云「廣韻分部多誤。」至於今韻之家，不爲字母等韻之學所拘攣，卽自我作故，而爲種種怪異之論。於是今聲古韻永無溝合之時，而聲韻條例，竟無從建立。今爲提挈綱維，計權舉聲韻條例古今同異如左。

同者	異者
喉牙舌齒脣	舌齒脣有變
清濁	聲類多少
開合洪細	韻部多少
陰陽對轉	陰陽聲多少
一字數音	等呼完闕

一、發聲之處有五，曰喉牙舌齒脣，古今所同也。雖以鄰近之故有時喉牙互通，（如見母字往往與匣母通）齒舌交紐，（如齋莊中正爲雙聲）而本介俱在，並不淆胡。二、聲有清濁，古今所同也。雖有時曉匣共聲，（如呼從乎聲）徹澄同柢，（如箸治同從台聲）喉音幷喻於影，牙音幷羣於溪，然不可遂謂古無清濁之別。三、韻有開合，古今所同也。雖灰韻之聲古只合而今有開，然不可執此遂以古無開合之別。四、韻有洪細，古今所同也。雖東韻之聲古只洪而今有細，然不可執此以爲古無洪細之別。五、韻有陰陽有對轉，異平同入，古今所同也。對轉之理，發明之者爲戴氏，而孔氏遵用之。然其分配尚多不合。卽本師成均圖亦尚有待參者。然皆施於古韻耳。至

於今韻入聲配三聲，惟於陽聲合耳，（如東董送屋之類）至於陰聲，則有合有不。（江永四聲切韻表所配，如之止志職，其合者也，虞麌遇藥，其不合者也。）今則古音二十八部，今音七十二類，對轉之理大明，其分別皆不差銖黍（蹟謹案入聲分配陰聲陽聲，見上篇）以開合洪細分列之，卽爲七十二類。）六、一字或有數音，古今所同也。有人言「古代字止一音，無一字數音者」，不知一字數音，其起原遠在太古。是故一丨也，有讀進讀退之分。一囟也，有讀導讀沾讀誓之異。伐有長言短言之殊。風有橫口蹵脣之異。旣不能禁一音之變轉，又豈能限一字之必一音哉。其異者，一、五聲之變，古今有異也（謹案已見上篇）二、聲類數目，古今有異也。三、韻部多少，古今有異也（謹案俱詳後。）四、四種聲勢，闕完古今有異也。古聲於開合齊撮中，或止有開合，或止有齊撮，或止有開而無齊，有合而無撮；今聲則一韻之中，往往兼備四者，如麻韻庚韻是也。五、陰陽聲多少，古今有異也。古聲但有陰聲陽聲入聲三類，陰陽聲皆平也。其後入聲少變輕而爲去，平聲少變重而爲上，故成四聲。（四聲成就甚遲，晉宋間人詩尚去入通押。）近世段君始明古無去聲，然儒者尙多執古有四勢之說，其證明古止二聲者，亦近日事也。」謹案吾人去古日遠，文字之變，雖存點畫，猶難以推其原，況聲音之無形象可言者乎。苟不提挈綱維，攉舉條例，則古今音異之說，以何爲準，種種糾紛與謬誤，又何由解。此右表之所以本黃君之說而立也。

五　聲之通轉

本聲	同類相轉	近相轉	遠相轉
喉	喉	牙	舌齒脣
牙	牙	喉	舌齒脣
舌	舌	齒	喉牙
齒	齒	舌	喉牙
脣	脣		喉牙

喉牙五聲，因時嬗變，故古代文字聲類，有不可以後世韻書繩之者。如關弓爲彎弓，身毒卽印度，臣牽音訓，艐屆相通，容頌一聲，信申共用，蚵讀若周天子赧，筝讀若魯公子彄，凡此等文，不能殫舉。然彼此相轉，亦有條貫可尋，紬其定例，約分爲四：一曰同類相轉，特清濁或發送收之異耳。二曰喉牙相轉，三曰舌齒相轉，二者蛻化最近。四曰喉牙與舌齒脣相轉，則爲疏遠矣。今節餘杭章君古雙聲說於次，以見其概。其言曰：「同一音者，雖旁紐則爲雙聲。是故金欽禽唫，一今聲具四喉音。汙吁芋華，一于聲具四牙音。漢魏南北朝反語不皆音和，以是爲齊。及夫喉牙二音，互有蛻化。募原相屬，先民或弗能宣究。證以聲類，公聲爲翁爲宏，工聲爲紅，叚聲爲瑕，古聲爲胡，久聲爲羑，圭聲爲畫，夾聲爲挾，甲聲爲狎，見聲爲莧，气聲爲餼，幵聲爲形，厶聲爲弘，雚聲爲歡，干聲爲汗，咼聲爲禍，區聲爲歐，谷聲爲浴，角聲爲斛，句聲爲昫，羔聲爲窯，丂聲爲號，高聲爲蒿，光聲爲黃，斤聲爲欣，君聲爲䇹，（說文讀若威）軍聲爲運，匄聲爲曷，今聲爲酓，毄聲爲繫，𠀕（讀若闕）聲爲彝，咎聲爲欲，（於糾切）元聲爲完，午聲爲許，我聲爲義，此喉音爲牙也。臣聲爲姬，異聲爲冀，羊聲爲羌，爲姜，灰聲爲恢，或聲爲國，危聲爲詭，奚聲爲谿，爲雞，益聲爲謚，目（烏玄切）聲爲涓，與聲爲舉，虍聲爲豦，爲虧，戶聲爲顧，由聲爲軸，爻聲爲教，亙聲爲絚，熒聲爲凳，𠘧聲爲軌，（古案切）于聲爲夸，𠂤聲爲卿，𡴀聲爲匡，玄聲爲牽，衍聲爲愆，咸聲爲感，臽聲爲䧟，（苦紺切）合聲爲袷，此牙音爲喉也。是故桂桓爲桂栢，曲紅

爲曲江，冶容卽蠱容，肉倍好爲肉倍孔，芐爲大苦，何以恤我爲假以溢我，有蒲與荷爲有蒲與茄，詞有揚攉，訓有誒倸，莊子天下篇釋文誒有胡啓苦迷五米三反，倸有戶寡勘禍二反，其音出入喉牙，而皆爲雙聲。鳥有雎渠，樂有空侯，形有句股，弦水有江河淮沇，山有吳華恆衡，皆雙聲也。囮圝同文，油膏通借，若是者遽數之不能終其物。昔守溫沈括晁公武輩喉牙二音故已互易，韓道昭乃直云深喉淺喉，斯則喉牙不有異也。百音之極必返喉牙，喑者雖不能語，猶有喉牙八紐，語或兜離，了戾舌上及齒必內入喉牙而不悟，憭今交廣音則然，北方輕脣或時入牙，故喉牙者生人之元音。凡字從其聲類，橫則同均，縱則同音，其大齊不踰是。然音或絕異，世不能通，撢鉤元始，喉牙足以衍百音，百音亦終輒復喉牙。攸聲有條，由聲有笛，睪聲有鐸，厂聲有𠪚，亦聲有狄，也聲有地，㠯聲有台，有能，弋聲有代，有忒，舀聲有稻，有韜，向聲有當，條聲有騰，毒聲有毒，余聲有荼，俞聲有牏，庚聲有唐，㕣聲有兌，炎聲有談，鹹聲有覃，昜聲有湯，甬聲有通，貴聲有穨，堇聲有難，㲋聲有𡡆，㲋籀文婚 聲有𡡆，乃同切 堯聲有嬈，九聲有內，，篆文作蹂，音人久切，古泥紐，今日紐。予聲有芧，此喉牙發舒爲舌音也。天音如顯，釋名 地訓爲易，春秋元命苞 弟讀爲圛，詩箋 田讀若引，田本作[illegible] 卤讀若調 聲爲逌，讀若攸 多聲爲宜，爲移，𠂤聲爲歸，壬他鼎切 聲爲巠，彖聲爲緣，眔聲爲鰥，爲褱，兌聲爲閱，殳古音如投 聲爲股，爲羖，內聲爲窬，爲㣻，竹聲爲籥，蟲聲爲融，姚銚大弔切 同聲，銛以冉切 恬同聲，此舌音遒斂爲喉牙也。𠩺讀若寫，午聲有卸，卸復有御，魚聲有穌，戶聲有所，羊聲有詳，昜聲有傷，乙聲有失，失復有佚，咼聲有屑，血聲有恤，亘聲有宣，㫃聲有圜，㕣沿切 弋聲有式，樂聲有鑠，音聲有戠，戠聲有聲，公聲有松，谷聲有俗，匀聲有旬，牙聲有邪，彥聲有產，也聲有施，㢟聲有朔，契聲有偰，執聲有褻，告聲有造，庫讀如舍，釋名 𦘕讀如尺奢反，此喉牙發舒爲齒音也。出聲爲屈，叀聲爲袁，爲睘，彗 詳切聲爲慧，歲聲爲薉，世聲爲勩，戌聲爲威，隹聲爲唯，自聲爲洎，爲臮，爲臬，支聲爲芰，爲跂，旨聲爲詣，爲稽，爲耆，只聲爲伿，以鼓切氏聲爲祇，矢聲爲疑，咠聲爲揖，丞聲爲巹，僉聲爲劍，爲險，川聲爲訓，井聲爲荆，收聲爲莜，舟聲爲䑣，以疋爲雅，以所爲許，以聲爲馨，此齒音逾斂爲喉牙也。喜亦爲憙，今作熹爲聲有皮，囱讀若獱聲有䏡，有蕳，蒿聲有薹，允聲有玧，瑞之或字𢎘乎感切聲有氾，黑聲有默，昏聲有揞，有䏚，廾聲有幷，久聲有畝，交聲有駮，此喉牙發舒爲脣音也。丙聲爲更，釆聲爲卷，芇母官切聲爲蔨，冒聲爲勖，勿聲爲忽，母聲爲悔，网聲爲罔，亡聲爲巟，品聲爲嵒，分聲爲亹，亹復音門，文聲爲虔，未聲爲沬，郎類字敚聲爲豈，豹約同聲，父巨音訓，此脣音逾斂爲喉牙也。」

六　古本聲十九類

喉聲			牙	
影 喻爲	曉	匣	見	溪 羣

上篇表八分四十一聲類爲正爲變。而正聲與變聲在古皆合用無別。是故鎮之爲填，周禮天府玉鎮注，「故書鎮作瑱，鄭司農云瑱讀爲鎮」史記天官書鎮星作塡星，漢書凡鎮撫字皆作塡。祧之爲濯，周禮守祧注，「故書祧爲濯。」重之爲童，檀弓「與其鄰重」，釋文「重，依注音童。」宅之爲度，周禮注引書「宅西」作度西，史記引書「五流有宅」作有度，風俗通引書「乃降邱宅土」作度土。陟之爲得，周禮太卜三曰咸陟注，「陟之言得也，讀如王德翟人之德。」堂之爲棖，詩「俟我乎堂兮，」韓詩「堂當爲棖。」掇之爲惙，易訟「患至掇也」，釋文「掇，徐都活反，鄭本作惙，陟劣反。」幢容之爲童容，周禮巾車注「幢容」詩箋作「童容。」馳騁之爲駝騁，離騷「乘騏驥以馳騁兮」王逸本馳作駝。田氏即陳氏，齊陳氏史記謂之田氏。申棖作申棠，論語申棖，史記作申棠。它字切以敕多，見易比釋文姪字切以大結，見曲禮釋文此舌頭

聲	疑	
舌聲	端	知　照
	透	徹　穿　審
	定	澄　神　禪
	泥	娘　日
	來	
齒聲	精	莊
	清	初
	從	床
	心	疏　邪
脣聲	幫	非
	滂	敷
	並	奉
	明	微

舌上合用無別之證也。數之爲速，（考工記則莫能以速中注「故書速或爲數，」禮記樂記衞音促數煩志注「促數讀爲促速，」漢書賈誼傳「淹速之度」史記作淹數。）柴之爲𢱭，（詩車攻「助我舉柴，」說文引作「助我舉𢱭。」）壯之爲將，（禮記射儀幼壯孝弟注「壯或爲將。」）蚤之爲爪，（儀禮士喪禮蚤揃如他日注「蚤讀爲爪」，考工記欲其蚤之正也，注「蚤當作爪。」）疏之爲胥，（詩「予曰有疏附」孔傳引作胥。見釋文。）耡之爲蒩爲耤，（周禮司巫蒩館注引杜子春云「蒩讀爲耡，」又遂人以興耡利甿注「鄭大夫云耡讀爲藉。」）稷之爲昃爲側，（易豐彖「日中則昃，」孟喜昃作稷。尚書中候「至於日稷」鄭注「稷讀曰側」春秋經「戊午日下昃」穀梁作「日下稷。」）翣柳作接樌，（周禮縫人衣翣柳之材注「故書翣柳作接樌。」）菑害卽灾害，（禮記大學「菑害並至」呂覽審時「必遇天菑」注「害也。」荀子脩身「菑然必以自惡」注「菑害在身之貌。」）齊楚與齊戒一體，祭祀與祭仲同文，此齒頭正齒合用無別之證也。及夫報之爲赴，（禮記少儀毋報往注「報讀爲赴疾之赴。」）閔之爲文，（儒行不閔有司注「閔或爲文。」）亾之爲蔑，（論語「亾之」漢書作「蔑之。」）浮之爲包，（春秋隱八年「盟于浮來，」二傳作「包來，」漢書浮邱伯鹽鐵論作包邱子。）蕃之爲皮，（詩十月之交「蕃爲司徒，」漢書古今人表蕃作皮。）否之爲鄙，（書「否德，」史記作「鄙德，」論語「予所否者，」論衡引否作鄙。）防之爲邴，（春秋莊七年「會齊侯于防，」公羊防作邴。）樊之爲鞶，（周禮巾車樊纓注「樊讀如鞶帶之鞶。」）士魴作士彭，（春秋成十八年「晉侯使士魴來乞師」公羊作士彭。）偪陽作福陽，（襄十年偪陽漢書古今人表作福陽。）陪尾作負尾，（書禹貢「至于陪尾，」史記作負尾。）丕子作負子，（金縢丕子史記作負子。）萑苻作雚蒲，（左昭二十年「取人于萑苻之澤，」石經初刻作雚蒲。）部婁作附婁，（左襄二十四年「部婁無松柏」說文引作附婁。）牝之反爲扶忍，（易坤釋文牝引徐邈扶忍反。）豐之反爲匹忠，（易豐釋文豐引字林匹忠反。）此重脣輕脣合用無別之證也。若此者遽數之不能終其物，而說文形聲偏旁之合用者尤不可勝紀。夫舌頭舌上齒頭正齒重脣輕脣，各以輕重相變。以蕃衍次敍言之，必先有重而後有輕。不第古時文字如

此，卽今日阻塞方俗之語，猶多沿其舊，有舌頭而無舌上，有重脣而無輕脣者矣。自錢大昕始明古今聲類有異，作古無輕脣音及舌音類隔之說不可信二文，謂「凡輕脣之音，古讀皆爲重脣。知徹澄三母，以今音讀之，與照穿牀無別也，求之古音，則與端透定無異。」餘杭章君繼之，以作古音娘日二紐歸泥說，謂「古音有舌頭泥紐，其後支別，則舌上有娘紐，半舌半齒有日紐，于古皆泥紐也。」本師黃君復以廣韻古本韻與古本聲互證，（見下表九）明古聲喉音有影而無喻，牙音有溪而無羣，齒音有齒頭而無正齒，齒頭有心而無邪，舌上音照穿神審禪亦歸舌頭，餘與錢章二君之說相合。計古本聲止十有九類，今據以立表，附靑今聲類於古本聲之下，明其由之而變也。

七　韻之通轉（舉平以晐上去）

東	通鍾江，餘由冬登覃蕭轉入		
冬	與東互轉		
鍾	通東江		
江	通東鍾，餘由冬轉入		
支	一通歌戈，一通齊（半）佳，一由脂微轉入	昔	半通魚藥，半通齊錫

脂	通微齊（半）皆灰（三之二）	質	三之二通屑櫛三之一通物術
之	通咍尤（三之一）	職	通德屋（三之一）
微	同脂餘由文殷轉入	術物迄	通沒
魚	通模虞（半）麻（半）	藥	半通昔（半）陌鐸（半）半通沃
虞	半通魚模半通侯		
模	同魚	鐸	同藥
齊	半通支佳半通脂微皆灰	錫	半通支昔半通屋沃
祭	三之二通泰夬廢三之一通物迄沒	薛	三之二通曷末月鎋黠三之一通屑櫛
泰	通祭夬廢	曷末	通月鎋黠薛
佳	通支齊	麥	一通昔（半）錫（半）一通職一通陌
皆	同脂	黠	同薛
夬	同泰	鎋	同曷末
灰	通脂微齊（半）皆餘由咍尤轉入	沒	通物術迄質（三之一）祭（三之一）

咍	通之尤(三之一)	德	通職屋(三之一)麥(三之一)
廢	同泰	月	同曷末
眞	通臻先(三之二)餘由諄文轉入		
諄	半通文欣魂痕半由眞先轉入		
臻	通眞先	櫛	通質屑
文	通諄(半)欣魂痕		
欣	同文		
元	通寒桓删山仙先(三之一)		
魂	同文		
痕	同文		
寒	同元		
桓	同元		
删	同元		

山	同元		
先	三之二通眞臻餘由元轉入	屑	通質櫛黠(三之一)薛(三之一)餘由月轉入
仙	同元		
蕭	通尤(三之二)幽餘由宵肴豪轉入	屋	入爲侯與尤幽之入通沃燭覺
宵	通肴豪餘由蕭幽轉入	燭	通屋
肴	同宵	覺	通屋沃燭
豪	同宵	沃	通屋覺藥(半)鐸(半)
歌	通戈麻(半)支(三之一)餘由元寒轉入		
戈	同歌		

麻	半通魚模半通歌戈	陌	通魚藥餘由支錫轉入
陽	通唐庚（半）		
唐	同陽		
庚	半通陽唐半通耕（半）淸靑		
耕	半通庚（半）淸靑半通蒸登		
淸	通庚（半）耕（半）靑		
靑	同淸餘由眞先轉入		
蒸	通耕（半）登		
登	同蒸		

尤	三之二通蕭(半)幽三之一由咍侯轉入		
侯	通虞(半)	屋	見前
幽	通蕭尤		
侵	通覃咸(半)銜(半)凡(半)	緝	通合洽(半)業(半)
覃	同侵	合	同緝
談	通鹽添咸(半)銜(半)嚴凡(半)	盍	通葉怗洽(半)狎業(半)乏
鹽	同談	葉	同盍
添	同談	怗	同盍
咸	半通侵覃半通談鹽添嚴	洽	半通緝合半通盍怗狎乏

銜	同咸	狎	同盍
嚴	同談	業	同洽
凡	同咸	乏	同盍

夏燮述韻云：『顧氏謂「據唐韻以正今韻之失，據古音以正唐韻之失。」江氏謂「古韻既無書，不得不借今韻離合以求古音。」又謂「平水韻之合併，其誤起於唐宋之同用。幸二百六部之韻書猶存，考古者猶可沿流而泝源。使無其書，則人自爲韻，其誤不止江陽之併東蒸之合而已。」然則舍二百六部以求古音，是港斷絕流而求至於海也。』其兄炘古韻表集說亦云：「唐韻雖不合古音，然二百六部乃韻書之祖。其中支脂之元寒眞文之分，脈理可尋。統會以求其合，離析以求其分，舍唐韻無可依據。」案唐韻爲後書審音之書，故分析至爲嚴密，而每韻所隸之字，若以古音考之，固多互有出入。吾人正可藉此離之合之，以明音韻流轉之迹，而考其分部之同異焉。今以意區爲通轉二例。通者，言今分而古實同。轉者，言今合而古有別。然亦就其大齊言之，不能一一細舉也。學者宜與後第十三表參合而觀之。入聲除櫛屑兩韻及緝合以下九韻無陰聲相對外，餘均移置陰聲韻下，明其在古實與之相通。至音韻隨時轉變，末易更僕數。初學之士，須取顧氏唐韻正，段氏六書音韻表等書觀之，不難得其會通也。

八　古二聲

自吳才老創四聲互用之條，楊愼答李仁夫論轉注書，言曰「吳說雖多，其例不過四聲互用，切響同用二條。」程迥以三聲通用，四庫提要云「自宋以來，著一書以明古音者，實自棫始，而程迥之音式繼之，迥書以三聲通用，雙聲互轉爲說，所見較棫差的今已不傳。」陳季立謂四聲之辨古人未有，陳氏毛詩古音考云「四聲之辨，古人未有，中原音韻，此類實多，舊說必以平叶平，仄叶仄也，無亦以今而泥古乎。」又於谷風不宜有怒句，引顏氏怒有上去二音之說駁之曰「四聲之說，起於後世，古人之詩，取其可歌可詠，豈屑屑毫釐若經生爲耶。且上去二音，亦輕重之間耳。」又於綢繆束芻三星在隅注云「芻音鄒，隅音魚侯切。或問二平而接以去聲可乎，曰中原音韻，聲多此類，音節未嘗不和暢也。」惟陳氏於他處則又仍泥一聲，不能固守其說，顧江二家胥論及之。遂啓顧寧人「古人四聲一貫」之論。音論云「四聲之論，雖起於江左，然古人之詩已自有遲疾輕重之分，故平多韻平，仄多韻仄，亦有不盡然者，而上或轉爲平，去或轉爲平上，入或轉爲平上去，則在歌者之抑揚高下而已，故四聲可以並用。」其後江愼修錢竹汀張臯文輩咸依違其說，以爲古無四聲之分。江氏古韻標準例言云「平自韻平，上去入自韻上去入者恆也，亦有一章兩聲或三四聲者，隨其聲，諷誦詠歌，亦有諧適，不必皆出一聲。」錢氏音韻答問云「古無平上去入之名，若音之輕重緩急，則自有文字以來固區以別矣。虞庭賡歌明良康與脞惰墮，即有輕重之殊。三百篇每章別韻，大率輕重相間，則平仄之理已具，緩而輕者平與上也，重而急者去與入也，雖今昔之音，不必盡同，而長吟密詠之餘，自然有別。」張氏說文諧聲譜序曰「古無所謂四聲也，長言則平，短言則上，重言則去，急言則入，詠歎之詞宜平平，比興之詞宜平上去入，而上去入之音短，不足以成永歌，則或引而長之。至於繁縟促節，戛然閡止，則又或以短言爲宜。是故四聲或錯雜相諧，去入或自爲諧，務得其音之和而已。」而學者猶多謂古有四聲，若江晉三王石臞劉申受夏嗛甫皆其人也。江氏再寄王石臞書云「古人實有四聲，特古人所讀之聲與後人不同，陸氏編韻時不能審明古訓，特就當時之聲誤爲分析，有古平而誤收入上聲者，如享饗頸顙等字是也，有古平而誤收入去聲者，如訟化震忠等字是也。……有誥因此撰成唐韻四聲正一書，倣唐韻正之例，每一字大書其上，博采三代兩漢之文，分注其下，使知四聲之說，非創於周沈，其中間有四聲通押者，如詩經揚之水之皓（上）繡（去）鵠（入）憂（平）。大東之來（去）服（入）裘（平）試（去）。易遯傳之戴（平）志德事（去）否（上）疑（平）。楚詞九辨六之鑿（入）教（去）樂（入）高（平）。此亦如二十一部之分，瞭然不

今音	古音
平	平
上	○
去	○
入	入

棄，而亦間有通用合用者，不得泥此以窒其餘也。」石臞復書云「顧氏四聲一貫之說，念孫向不以為然，故所編古韻如札內所舉顙饗化信等字，皆在平聲，偕茂等字，皆在上聲，館字亦在去聲，其他指不勝屈，大約皆與尊見相符。」劉氏詩聲衍有論古有四聲，辨孔氏古無入聲之誤，及論長言短言重讀輕讀，辨段氏古無去聲之誤二條。夏氏述韻論四聲曰「三百篇羣經有韻之文，四聲具備，分用畫然，如部分之有條而不紊，第古無韻書，遂以此為周顒沈約獨得之祕耳，然有韻之文未嘗不可考而知也。古無四聲，何以小雅楚茨之三章，魯頌閟宮之三章，連用至十一韻十二韻皆平聲，小雅六月之六章，甫田之三章，連用至七韻九韻，大雅蒸民之五章六章，魯頌閟宮之二章三章，合用至十韻，十一韻皆上聲，邶柏舟之二章，魏汾沮洳之一章，衛氓之六章，連用至四韻五韻七韻，以至楚詞之惜往日，連用至十韻皆去聲，魏伐檀之二章，商頌之那魯頌閟宮之八章，連用至六韻八韻九韻，以至尙書鴻範之六三德以下，連用至十五韻，爾雅釋訓穰穰福也以下，連用至十七韻皆入聲，此其可證者一也。關雎為詩之首篇，而四聲具備，鳩洲逑流求平也，得服側入也，采友上也，芼樂去也。小雅泂酌三章，分平上去三韻，召南摽有梅三章，衛有狐三章，王采葛三章，鄭羔裘三章，齊甫田三章，魏汾沮洳二章，小雅菀柳三章，分平去入三韻，鄘牆有茨三章，王邱中有麻三章，魏碩鼠三章，唐山有樞三章，鴇羽三章，小雅鴻雁三章，黃鳥三章，分平上入三韻，若古無四聲，何以分章異用，如此疆爾界，不相侵越。又有同用一韻，而四聲分章，同用一韻，同在一章，而四聲分配，較若畫一。凡此諸類，不啻五色成文，八風從律，古無四聲，何以有此，此其可證者又一也。享饗為古音之平聲，詩凡十見，皆不與上同用，慶為古音之平聲，詩凡十見，易十二見，皆不與去同用。予為古音之上聲，詩凡十見，皆不與平聲同用，戒為古音之入聲，詩凡三見，易一見，皆不與去聲同用，茍古無四聲，何以屢用而不容一韻之出入，此其可證者又一也。東眞文元宵歌陽耕蒸侵談十一部，校其偏傍，不闌入聲一字，又歌與支合，文與脂合，皆合於平上去而不合於入，祭泰夬廢為去入二聲之獨部，其偏傍絕不與平上合，亦無借入平上合韻者，緝以下九韻為入聲之獨部，其偏旁絕不與去合，亦無借入去聲合韻者，若古無四聲，何以分別部居，自有限制，此其可證者又一也。大氐後人多以唐韻之四聲求古人，故多不合，因其不合，而遂疑古無四聲，非通論也。古四聲有獨用有通用，通用者，若十七部之合韻，又廣韻之兩收三收者是也。平與上去多通用，以上去之音近而入遠也。上與去多通用，去與入多通用，而上之與入叶者，不過十中之一，以上之轉入較去遠也。嘗謂平與上去之合，如支之於歌，文之於脂，本音多而合韻少，上去之合，去入之合，如之之於幽，幽之與宵，屢用屢合，而不失其為本音，知其所以分，又知其所以合，然後可無疑於古有四聲之說矣。」

其說蓋略出於段茂堂。六書音韻表古四聲說云「古四聲不同今韻，猶古本音不同今韻也。考周秦漢初之文，有平上入而無去，洎魏晉上入聲多轉而為去聲，平聲多轉為仄聲，於是四聲大備，而與古不侔，有古平而今仄者，有古上入而今去者，細意搜尋，隨在可得其條理。今學者讀三百篇諸書以今韻四聲律古人，陸德明吳棫皆指為協句，顧炎武之書亦云平仄通押，去入通押，而不知古四聲不同今，猶古本音部分異今也。明乎古本音不同今韻，又何惑乎古四聲不同今韻哉。如戒之音亟，慶之音羌，享饗之音香，至之音質，學者可以類求矣。」

惟段氏獨持古無去聲之說，雖特異而實精塙。餘杭章君稱為「非閉門思之十年弗能憭。」段氏亦自謂「古無去聲之說或以為怪，然非好學深思不能知也。」本師黃君更謂古止平入二聲而無上。說略見上表四。段氏古四聲說又有云「古平上爲一類，去入爲一類，上與平一也，去與入一也。」其答江有誥書亦云「古四聲之道，有二無四，二者平入也，平稍揚之則爲上，入稍重之則爲去。」據此則黃君古二聲之說，亦段氏有以啓之也。茲更錄其詩音上作平證一篇於左，以資徵信。

詩音上作平證（上聲字規識其旁）

沚○之事（采蘩）　昴○裯猶（小星）　苞誘○（野有死麕）　舟流憂酒○游（柏舟）　諸士○處顧（日月）　菲○體○違死○（谷風）　遲遠邇○畿薺○弟（同上）

我○我○我○爲何（北門兩見）　唐鄉姜上○（采唐）　虛楚○（定之方中）　旟都組○五○予○（干旄）　子○尤思之（載馳）　僩○咺○諼（淇澳）　葚○耽（氓）

隕○貧（同上）　湯裳爽○行（同上）　淇思之右母○（竹竿二章通韻）　廣○杭望（河廣）　期哉塒矣○來思（君子于役）　蒲許○（揚之水）　罦造○憂覺（兔爰）

子○里○杞○之母○（將仲子）　手○魗好○（遵大路）　洧○思士○（褰裳）　溥婉○願（野有蔓草）　唯○歸水○（敝笱）　湯彭薄○翔（載驅）　哉其矣○之之思（園有桃兩見）　子○已○哉岵○母○（陟岵二章通韻）　弟偕死○（同上）　皓○繡鵠憂（揚之水）　采○已○涘○之右之沚○（蒹葭）　有○梅止○裘哉（終南）　湯上○望（宛丘）　之之已○矣○梅止○之（墓門二章通韻）　楚○華家（隰有萇楚）　梅子○絲絲騏（鳲鳩）　火○衣（七月兩見）　瓜壺樗夫圃○稼（同上兩章通韻）　霜場饗○羊堂觥疆（同上）　雨○土○戶○予○据荼租瘏家（鴟鴞二章通韻）　駸諗○（四牡）　韡○弟威懷（常棣二章通韻）　阪○衍○踐○遠○愆（伐木）　享○嘗王疆（天保）

郊旐○旄（出車）　偕邇○（杕杜）　旨○偕（魚麗）　有○時（同上）　臺萊子○基子○期（南山有臺）　瀼光爽○忘（蓼蕭）　藏貺饗○（彤弓）　鱨猶醜○（采芑）

父○牙居（祈父）　野○樗故居家（我行其野）　巖瞻惔談斬○監（節南山）　師氏○維毗迷師（同上）　定生寧醒成政姓領○騁○（同上二章通韻）

酒○殽（正月）　交卯○醜○（十月之交）　時謀萊矣○（同上）　訾哀違依底○（小旻）　猶集咎○道○（同上）　止○否○謀（同上）　且○辜幠（巧言）　盟長○（同上）

伊幾。同上　丘子。詩子。之巷伯　嵬死。萎怨谷風　子。來子。服子。裘子。試大東　冥熲。無將大車　雝。重同上　子。息直之福

小明　蹌羊嘗享。將祊明皇饗。慶疆楚茨　廬瓜菹祖。祜。信南山　享。明皇疆同上　穉火。萋祈私穉穧穗利大田二章通韻　左。

宜裳裳者華　扈。羽。胥祜。桑扈　上。怲。臧頍弁　仰。行車舝　旨。偕賓之初筵　反。幡遷僊同上　股。下。紓予。采菽　反。遠。遠。然角弓二章

通韻　駒後。傴取。同上　卑疷。白華　虎。野。夫暇何草不黃　時右已。子。文王二章通韻　上。王方商京行王王大明三章通韻　飴謀龜時茲

止。右理。畝。事緜二章通韻　屏。平皇矣句上韻　芑。仕。謀子。哉文王有聲　道。草。茂苞褎秀好生民　時祀。悔。同上　句鍭樹侮。主。醹。斗。

耇。行葦二章通韻　時子。既醉　原繁宣歎巘。原公劉　依濟。几。依同上　茲饎子。母。泂酌　板。癉。然遠。館。亶遠。諫板　賊則李。子。

絲基抑二章通韻　子。否。之事之耳。子。同上　子。止。謀悔。國忒德棘同上　翩泯。燼頻桑柔　將往。競梗。同上　伯馬。居士。崧高

茹吐。甫。茹吐。寡。禦。舉圖舉。助。補。祖。烝民三章通韻　祖。屠壺魚蒲車且胥韓奕　土。訏。甫。噳。虎。居譽同上　首。休考。壽。江漢　引。

頻召旻二章通韻　里。里。哉舊同上　典。禋維清　方饗。我將　秭。醴。妣。禮。皆豐年　王章陽央鶬光享。載見　之思哉士。茲子。止。敬之

耘畛。載芟　止。之思思賚　馬。野。者。騢魚祛邪徂駉　水。芹旂泮水　林黮。音琛金同上　武。緒。野。虞女。旅。父。魯。宇。

輔。閟宮二章通韻　與鼓。祖。假。那　疆衡鶬享。將康穰饗。嘗將烈祖　河宜何。玄鳥　共龐龍勇。動。竦。總。長發　鄉湯羌享。王常

殷武

九　古本韻二十八部及其對轉旁轉

等呼附，合口只有脣音者規誌其旁。

陰聲平		灰	歌戈	齊	模	侯	蕭
		合	開合	齊撮	合	開○合	齊○撮
入	屑	沒	曷末	錫	鐸	屋	
	齊撮	合	開合	齊撮	開合	合	
陽聲平	先	魂痕	寒桓	青	唐	東	
	齊撮	合開	開合	齊撮	開合	合	

豪	開◦合		沃	合		冬	合	
咍	開◦合		德	開合		登	開合	
			合	洪		覃	洪	
			怗	細		添	細	

此表二十八部，爲本師黃君所定（參觀上篇表十六。）其中魂痕歌戈曷末寒桓四部，廣韻以開合分而爲八，今仍合之，故以兩字標目。若簡稱可曰痕部，歌部，曷部，寒部也。黃君之言曰：「古本音即在廣韻二百六韻之中。廣韻所收，乃包舉周漢至陳隋之音，非別有所謂古本音也。凡捨廣韻而別求古音者，皆妄也。古紐止十有九。古韻則陰聲陽聲以外，入聲當別立。顧江段孔諸君皆以入聲散歸陰聲各部中，未爲審諦。謂宜準戴氏分陰聲陽聲入聲爲三之說，爰就餘杭師所分古韻二十三部，益爲二十八部。此二十八部即二百六韻中但有古本聲十九紐而不雜變聲者也，是爲古本韻。其先韻有狗字，牀紐灰韻上聲有倄字，爲紐曷韻有藒字，喻紐桓韻上聲有鄹字，邪紐齊韻有臡字，日紐移字，禪紐去聲有遾字，徹紐錫韻有歠字，徹紐侯韻上聲有鯫字，牀紐東一類去聲有諷非紐賵敷紐鳳奉紐字，以平聲準之當入第二類咍韻有犨字，穿紐上聲有

腆喻紐疠日紐字，凡此變音，雜在本音中，大氐後人增加，綴於部末，非陸君之舊，不可執是以譏鄙言之不驗也。」又曰：「古聲惟有二類，曰平曰入。凡古音平入亦可相叶爲韻。」又曰：「凡陰聲陽聲互相轉，曰對轉。陰聲陽聲自類音近相轉者曰旁轉。由旁轉以得對轉者曰旁對轉。陽聲之先痕寒三部同收n，爲同列，青唐東冬登五部同收ng爲同列，覃添二部同收m爲同列。凡陽聲同列者其相對之陰聲入聲亦爲同列。灰歌同列，齊模侯豪蕭咍同列，屑沒曷同列，錫鐸屋沃德同列，合怗同列。凡同列之韻皆得通轉爲旁轉，凡陰聲陽聲相對者得相通轉爲對轉，凡自旁轉而成對轉者爲旁對轉，凡此列與彼列相比之韻亦得旁轉。而其理卽具於廣韻中。今先舉一陰聲爲例，徵韻本音灰韻有譩字，譩字本音在咍韻，故知灰與咍爲旁轉。又有碕字，碕字本音在歌韻，故知灰與歌爲旁轉。又有暉輝等字，其本音在魂韻，故知灰與魂爲對轉。次舉一陽聲爲例，東韻有中冲等字，其本音在冬韻，故知東與冬爲旁轉。又有弓穹等字，其本音在登韻，故知東與登爲旁轉。又有風楓等字，其本音在覃韻，故知東與覃爲旁轉。又有雺髳等字，其本音爲蕭韻，故知東與蕭爲對轉。侯蕭同入」案黃君以廣韻中古本聲古本韻互相爲證，其說與自來言古韻者適合，而又足以補其違缺，信能籠罩既往，而集其大成，古韻至此，可謂如日中天矣。其對轉之理闡自戴孔，旁轉旁對轉之說創於章君，猶顧江之言變音，段氏之言合韻。蓋古韻自有疆界，而部居既立，有時彼此流轉，流轉之迹，亦有衇絡可尋，非混殽無次，對轉旁轉者，卽所以定聲音流轉衇絡可尋之迹耳。此理不明，則窒礙孔多。（如苗夔以祈玫之斤文非聲，朱駿聲分其鼎部幷聲字於乾履之類是。）善乎嚴氏鐵橋說文聲類之言曰：「其合也一統無外，其分也豪釐有辨。廣其變通之路，審厥出入之由，夫而後羣經有韻之文皆可讀，古人假借之法無不包矣。」若夫詩北門以敦遺韻，杕杜以偕近邇韻，沔水以水隼韻，思齊以疾殄韻，易革以彪斐韻，員从口聲，蚔古文作[illegible]，[illegible]或作[illegible]，西或作棲，蝓或作蝖，讀若蕿，數讀若貆，諶讀若威，昕讀若希，水訓準，春訓推，祗敬之爲振敬，貪戾之爲貪吝，追琢之爲敦琢，褘衣之爲翬衣，依㝊一語，哀愍一語，尉溫一語，唏欣一語，僟譏一語，肌筋一語，稽艮一語，眥昆一語，詆敦一語，水川一語，䖒豚一語，脽尻一語，倫類一語，非分一語，飛奔一語，斐份一語，𧡿坋一語，肥墳一語，美文一語，迷悶一語，此灰痕對轉之說也。詩谷風以嵬萎（委小徐禾聲）韻，玄鳥以祁河韻，易家人以義謂韻，周書大明以溪離宜夷韻，檀弓以穨壞萎韻，楚詞遠游以妃歌飛夷蛇徊韻，九辨以偕毀弛韻，荀子成相以罷私施移韻，文子上德以類遂施韻，𤏸讀若隸，賤讀若貴，火切呼果，裹切蘇禾，羸其角羸其瓶之爲纍其角纍其瓶，士青黎之爲士青驪，戚施之爲𪓰䵅，彼交匪交之爲匪交，毀隓一語，隈阿一語，欹㔾一語，鵸鵌一語，嵬峨一語，漬唾一語，推拕一語，隤隊與阤陊一語，磊與砢隊一語，纍與厽麗一語，沓𦍼一語，𢗠差一語，㔒䴚一語，敉摩一語，此灰歌旁轉之說也。舉此一隅，不難三反。

吾人求古音，所以通古義也。昔黃春谷謂「凡同一韻之字其義皆不甚相遠。」（見夢陔堂文集）儀徵劉君有古韻同部之字義多相近說一文，（見左盦文集）謂「如之耕二部之字其義恆取於挺生，支脂二部之字其義恆取於平陳，歌魚二部之字其字多近於侈張，侯幽宵三部之字其義多符於斂曲，推之蒸部之字象取凌踰，談類之字義鄰隱狹，眞元之字象含聯引，其有屬於陽侵東三部者又以美大高明爲義，則同部之字義恆相符。」可謂微妙玄通，察及詞言之本矣。夫古音同韻部如是，同聲紐者亦然。嘗試論之，古聲十九紐，言其大齊，則喉舌齒脣之界而略定其發送收而已。（喉牙古相通，故舉喉足以包牙。）是故喉音發聲（即影見二紐）爲衆音之元始，矢口而出，故發音之詞多屬之，其送聲（即曉匣溪等紐）吹氣而出，故聲息之訥多屬之二者大氐象取乎混玄，義麗於驚感。其收聲之音（卽疑紐）齾牙牾氣而出，故其義嚴而危。舌音發聲送氣（卽端透定三紐）俱以舌端抵齶，聲之成響，故其義重以至。其收聲蹂舌而出者，（卽泥紐）其言也訒，故其義柔潤而近仁。捲舌而出者，（卽來紐）鼓舌如瀾，故其義或連麗而有倫，或流離而多戾。齒音發送（卽精清從心四紐）氣逼齒尖，其音適而慘，適則進取叢積之義生焉。慘則殘賊纖細之義生焉。脣音發送（卽幫滂並三紐）其言也辨，故其義披分而排比。其收聲（卽明紐）爲音之終，（聲音由喉及脣，次序天然不可紊）閉口而出，故其義亦近於無。如是而經之以同韻，緯之以同聲，則索義於音，義莫能隱而得其本，表義以言，言與義契而知其方，豈非考語言文字者之一快事歟。（拙著有「古聲同紐之字義多相近說」一文，文長不錄。）

十　二百六韻之離合分隸二十八部

脣部之屬					
脣三分之二	質三分之二	櫛	術半	黠三分之一	薛三分之一
先部之屬					
先三分之二 銑三分之二 霰三分之二	眞三分之二 軫三分之二 震三分之二	臻	諄半 準半 稕半		

灰部之屬

皆	駭	怪
灰三分之二	賄三分之二	隊三分之二
齊半	薺半	霽半
微三分之二	尾三分之二	未三分之二
支三分之一	紙三分之一	寘三分之一
脂	旨	至

歌部之屬

歌	哿	箇
戈	果	過
支三分之一	紙三分之一	寘三分之一
麻半	馬半	禡半

沒部之屬

沒	
迄	
物	
術半	
質三分之一	
祭三分之一	

曷部之屬

曷	泰
末	夬
月	廢
鎋	
黠三分之二	
薛三分之二	祭三分之二
屑三分之一	

痕部之屬

痕	很	恨
魂	混	慁
欣	隱	焮
文	吻	問
諄半	準半	稕半
眞三分之一	軫三分之一	震三分之一
微三分之一	尾三分之一	未三分之一

寒部之屬

寒	旱	翰
桓	緩	換
元	阮	願
山	產	襇
刪	潸	諫
仙	獮	線
先三分之一	銑三分之一	霰三分之一

齊部之屬

齊半	薺半	霽半
支三分之一	紙三分之一	寘三分之一
佳	蟹	卦

模部之屬

模	姥	暮
魚	語	御
麻半	馬半	禡半
虞半	麌半	遇半

侯部之屬

侯	厚	候
虞半	麌半	遇半

錫部之屬

錫半
昔半
陌三分之一
麥三分之一

鐸部之屬

鐸半
藥半
陌三分之二
麥三分之一
昔半

屋部之屬

屋三分之一
燭
覺三分之一

青部之屬

青	迥	徑
清	靜	勁
庚半	梗半	敬半
耕半	耿半	諍半

唐部之屬

唐	蕩	宕
陽	養	漾
庚半	梗半	敬半

東部之屬

東半	董	送半
鍾	腫	用
江	講	絳

蕭部之屬

幽	蕭半	肴半	豪半	尤之三分之二
黝	篠半	巧半	晧半	有之三分之二
幼	嘯半	效半	號半	宥之三分之二

豪部之屬

豪半	蕭半	宵	肴半	
晧半	篠半	小	巧半	
號半	嘯半	笑	效半	

咍部之屬

咍	之	灰之三分之一	尤之三分之一
海	止	賄之三分之一	有之三分之一
代	志	隊之三分之一	宥之三分之一

屋部之屬

屋之三分之一	沃半	覺之三分之一	錫之四分之一	

沃部之屬

沃半	覺之三分之一	藥半	鐸半	錫之四分之一

德部之屬

德	職	麥之三分之一	屋之三分之一

冬部之屬

冬	東半			
宋	送半			

登部之屬

登	蒸	耕半	
等	拯	耿半	
嶝	證	諍半	

合部之屬

合	緝	洽半	業半	

覃部之屬

覃	侵	咸半	銜半	凡半
感	寑	豏半	檻半	范半
勘	沁	陷半	鑑半	梵半

怗部之屬

怗	葉	盍	洽半	狎	乏	業半

添部之屬

添	鹽	談	咸半	銜半	凡半	嚴
忝	琰	敢	豏半	檻半	范半	儼
㮇	豔	闞	陷半	鑑半	梵半	釅

此表須與上篇表十六及本篇表七合觀之。總之古本韻二十八部，係指其收音而言，非指每韻所收之字而言也。學者最宜留意。

十一　二十八部與諸家古韻部居次第標目對照

鄭庠六部	東一				
顧炎武十部	東一		陽七	耕八	蒸九
江永十三部	東一		陽八	庚九	蒸十
段玉裁十七部	東九		陽十	庚十一	蒸六
戴震二十五部	翁七		央十	嬰十三	膺四
孔廣森十八部	東五	冬六	陽四	丁二	蒸八
王念孫廿一部	東一		陽五	耕六	蒸二
江有誥廿一部	東十五	中十六	陽十四	庚十三	蒸十七
張惠言二十部	僮二	中一	筐六	縈七	薨三
嚴可均十六部	東十四	（併于侵）	陽十三	耕十	蒸九
劉逢祿廿六部	東二	冬一	陽六	青七	蒸三
黃以周十九部	東七		唐一	耕二	登三
章君二十三部	東十四	冬十四	陽二	青四	蒸十二
黃君二十八部	東十八	冬廿一	唐十四	青十一	登廿四

	魚三									支二
	魚三									支二
	魚三									支二
	魚五		之一			（併于眞）		脂五十		支六十
垔三	烏二	億六	噫五	遏一廿	鷖十二	乙八十		衣七十	戹五十	娃四十
	魚三十		之七十					脂二十		支一十
	魚八十		之七十		祭四十	至二十		脂三十		支一十
	魚五		之一		祭九			脂八		支七
	蛆十二		絲六十		肆二十			萋一十		支四十
	魚五		之一					脂三		支二
陌一廿	魚十二	職五十	灰四十		（併于未）	質五廿	未四廿	微三廿	錫二十	支一十
	模五十		咍三十		泰十	質一十		灰九十		支四十
	魚一		之九十		泰一十	至五	隊七	脂八		支三
鐸三十	模二十	德三廿	咍二廿		末曷六	屑一	沒三	灰四	錫十	齊九

	侵 六					蕭 五			眞 四	
	侵 十		(併于魚)			蕭 五			眞 四	歌 六
	侵 二十			尤 一十		蕭 六	元 五		眞 四	歌 七
	侵 七	(併于尤)	侯 四	尤 三	(併于尤)	蕭 二	元 四十	諄 三十	眞 二十	歌 七十
邑 三廿	音 二廿	屋 九		謳 八	約 二十	夭 一十	安 九十		殷 六十	阿 一
合 八十	綅 七		侯 四十	幽 五十		宵 六十	原 一		辰 三	歌 十
緝 六十	侵 三		侯 九十	幽 十二		宵 一廿	元 九	諄 八	眞 七	歌 十
緝 一廿	侵 八十		侯 四	幽 二		宵 三	元 十	文 一十	眞 二十	歌 六
揖 三十	林 四		婁 九十	鳩 七十		毛 八十	干 十	詵 九	蓁 八	皮 五十
	侵 五十		侯 八	幽 七		宵 八	元 二十		眞 一十	歌 四
緝 六廿	侵 四	屋 七十	愚 二廿	蕭 六十	藥 九十	肴 八十	元 十	文 九	眞 八	歌 三十
合 二十	覃 八		侯 八十	幽 七十		宵 六十	桓 五		眞 四	歌 六
緝 八十	侵 七十		侯 三十	幽 五十		宵 一廿	寒 二十	諄 九	眞 六	歌 十
合 五廿	覃 六廿	屋 七十	侯 五十	蕭 六十	沃 十二	豪 九十	桓寒 八	痕魂 五	先 二	戈歌 七

覃十三	
覃八	
醃廿四	諜廿五
談九	（併于合）
談四	盍十五
談十九	葉二十
巖五	（併于揖）
談十六	
鹽五	（併于緝）
談九	（併于合）
談廿二	盍廿三
添廿八	怗廿七

此表爲錢玄同君所立。章君二十三部原列王念孫二十一部之下，茲移今處。又補列劉逢祿二十六部於嚴黃二家之間。錢君論諸家標目之異同曰：『鄭庠古音辨，惟見於戴段諸家稱引，其原書標目若何，無從審知。顧氏之書，未嘗別立標目，卽以併合廣韻之部題識，如曰「東冬鍾江第一，支脂之微齊佳皆灰咍第二」之類，今從略，僅舉其首韻曰東一支二。任舉廣韻韻目一字以標者，爲王章嚴黃以周四家，黃氏兼舉四聲，如曰「第一唐蕩宕部，第二耕耿諍部」之類，今從略，僅舉其第一韻曰唐一耕二。孔江有誥二家標目，十之八九用廣韻韻目之一字，間有他字者，如孔氏原丁辰綅江氏之中是也。孔氏書名詩聲類，必以詩中有用韻之字爲標，故寒耕眞侵四字未見詩中用韻，不得不改爲原丁辰綅。江氏之改，則未知其審。江永段兩家皆無標目，以第一第二……名部。張氏則用本韻中在詩經最先見韻之字題識，皆晦澀難瞭。其意以爲陸書非古，寧自改作。然卽其新定之名，亦豈周秦舊標耶。戴氏標目二十五文，皆用影聲字。此最合於韻之原質。因影聲字自發至收始終如一，與歐洲之「元音」無異，故標目以此爲最宜。黃季剛二十八部雖亦用廣韻韻目爲標，然與王章嚴黃以周四家任舉一字者迥異。如古韻靑部，卽廣韻之庚耕清靑四韻，若任舉韻目一字爲標，則用庚用耕用清用靑均可。因廣韻二百六部中，此三十二韻原是古本韻，黃氏既於廣韻中求得古本韻之韻，故卽用古本韻韻目題識。此古本

韻韻目三十二字，實爲陸法言所定之古韻標目。今遵用之，正其宜也。』案自鄭庠始分古韻爲六部，最爲疏略。顧氏而後，遞加詳盡。蓋後人因考辨而積悟，餘杭章君所謂「前修未密，後出轉精」者也。蘄春黃君於廣韻中求得古本韻二十八部，適與顧江以來古韻諸家之說吻合，而奄有衆長，此其所以爲神覈也。至諸家分部之故，其書具存，茲不煩引。

十二　古本音讀法

聲	韻	四聲
凡變韻中之變聲字當改爲本聲而後以本音讀之	凡變韻中之本音字當改從本音讀之其一韻兼有古兩韻以上字者各歸本部以本音讀之其本韻中兼有他韻字者當改他韻本音讀之	凡今四聲字讀古二聲各從本音本音爲平雖上去入亦讀平本音爲入雖平上去亦讀入

等呼	凡變音字若讀本音則從本韻之等呼本韻或備有開合洪細或不能備有本韻但有洪者雖正聲之細亦讀洪本韻但有細者雖正聲之洪亦讀細開合準此本韻兼有開合者則變韻之開讀如本韻之開變韻之合讀如本韻之合

此表用本師黃君之說而立。黃君有言曰：『言古音讀法者多家，段君謂「古音斂今音侈，」錢君曉徵已有諍難。本師章氏嘗作古今音準一卷，謂「魚部音皆當如模部，陽部音皆當如唐部，」此可謂至精之論。又謂「泰部本音當近麻，」以今驗之，曷之陰聲爲歌，而麻韻本自歌變，則泰近麻之說又諦矣。』又曰：『段君能分支脂之爲三類，而不得其本音。晚年嘗以書問江晉三云「足下能知其所以分乎？僕老耄，倘得聞而死，豈非大幸。」於此可見先儒好學之篤，虛己之誠。謹案支之本音在齊韻，當讀如鞮。脂之本音在灰韻，當讀如磓。脂韻古皆合口，前人已多言之。之之本音在咍韻，當讀如鑒。今音所以溷者，以支由本聲爲變聲，遂成變韻，脂由本聲爲變聲，復由合口爲開口，由洪音爲細音，之由本聲爲變聲，復由洪音爲細音，於是支脂之皆同爲開口細音，斯其分界不憭矣。』案欲讀文字之古本音，由此可得三隅之反。而初學之士欲知某字之本音在何部，則下表所列說文最初聲母不可不熟讀之也。

十三　說文最初聲母分列古本韻二十八部

韻／聲	入聲屑部上											
影	一	於悉	抑	於棘	逸	夷質	乙	於筆				
曉												
匣												
見	吉	居質										
溪												
疑	隉	五結										
端	質	之日	至	脂利	疐	陟利						
透	設	識列	徹	丑列								
定	實	神質	豑	直質								
泥	日	臸	人質	疒	女尼							
來	栗	力質										
精	卩	子結										
清	桼	七	親吉									
從	(疾)	秦悉										
心	悉	息七										
邦												
滂												
並												
明												
附注	隉讀若蜺。臬讀若子。	質小徐所聲。𧶠或作𦑗。	徹小徐育聲。古文作徹。	疾從矢聲。籀文作𤵸。	𩑋讀若昧。肊或作臆。𦙶或作𦟛。							

入聲屑部下

聲＼韻					
影	瞲	於悅			
曉	血	呼決			
匣					
見					
溪					
疑					
端					
透					
定					
泥					
來					
精					
清					
從					
心					
邦	八	博拔	(必)	畢	卑吉
滂					
並	別	憑列			
明					
附注	㚔讀若頒，一曰讀若非。𣎳讀若輩。	犻讀若孛。	必從弋聲。畢或曰由聲。		

陽聲先部上

聲＼韻	1	2	3	4	5	6	7	8	9	10	11	12
影	𠬝	引∘	余忍	因	於眞	印	於刃	寅	弋眞			
曉												
匣	弦	胡田										
見												
溪												
疑	𨐜	斦	語巾									
端	㐱∘		之忍									
透	天	他前	疢	丑刃	(身)	申	失人					
定	臣	植鄰	㚲	堂練	塵	直珍	田	待年	𠕁	直刃	電∘	堂練
泥	人	仁	如鄰	佞∘	乃定							
來	令	力正	粦	良刃								
精	津	將鄰	晉	即刃	眞	側鄰						
清	千∘	此先										
從	秦	匠鄰										
心	信	囟	卂	丨	息晉	桑	所臻	辛	息鄰			
邦												
滂												
並												
明												
附注	䛊讀若指。郉讀若盜。	𨐜讀若慭。	晉小徐臸聲。粦小徐丼聲。	囟或作脖。	身從𠃌聲。𧷸讀若資。䪴讀若振。	瞋祕書作眓。仁小徐二聲。	旬小徐包省聲。緊小徐絲省聲。	靷籀文作𩌦。軨司馬相如作䡼。	訊古文作𧥷。嚚古文作𠾧。			

聲＼韻	陽聲先部下											
影	匀	羊倫	開	烏玄								
曉	轟	呼宏										
匣	衙	黃絢	玄	胡涓	扁	戶關						
見												
溪												
疑												
端												
透												
定												
泥	閏	如順										
來												
精												
清												
從												
心	旬	詳遵	睿	私閏								
邦	扁	方沔										
滂	朮	匹刃										
並	頻	符眞										
明	命	眉病	丏	彌竟	民	彌鄰						
附注	趋讀若煢。珣讀若宣。郇讀若泓。	蹁讀若苹。蛃讀若赧。牑讀若邊。	扁一讀若環。									

聲＼韻	入聲沒部											
影	喬。	余律	鬱	迂勿								
曉	㽅	許偉	旻	火劣	𡆧	呼骨	𤸰	火滑	眉。	許介		
匣												
見	計	繼	古詣	骨	古忽	旡	居末					
溪	气	去既	器	棄	去冀	款。	苦管	圣	苦骨			
疑	兀	刖	五忽									
端	對	都隊										
透	退	他內	出	尺律	去	他骨						
定	示	神至	隶	徒耐	朮	食律	突	徒骨				
泥	肭。	女滑	內	奴對								
來												
精	卒	臧沒										
清												
從	自	囟	疾二									
心	祟。	雖遂	兕	徐姊	率	所律	四	息利				
邦	閉	博計	弗	乀	分勿	欝	兵媚					
滂	由	敷勿										
並	㷔	平祕	㇀	房密	㒸。	房六	孛	蒲妹	鼻	父二		
明	曼	莫勃	勿	文弗	彪	密祕	未	無沸				
附注	詯讀若眛。狋讀又若銀。	旻讀若沫？敳讀若贅。	寂讀若竄。吻或作脗。慜讀若蠡。	止讀若餕。郎讀若奚。	㒸讀若虙。兀讀若食。	欳讀若中。顡讀若魁。聉讀若孽。	皃或作髴。𩰫讀若虙。	紼或作綦。鐼讀若熏。	𤵸讀若欶。			

陰聲

聲＼韻	影	曉	匣	見	溪	疑	端	透	定	泥	來	精	清	從	心	邦	滂	並	明	附注
	胃	毇	贙	卟	启	产	隹	菌	(弟)	尒	厽	朿	夊	齊	奞	匕	(妃)	肥	眉	妃從己聲。弟從𠃊聲。
	云貴	許委	胡畎	术	康禮	魚毀	職追	矢	特計	兒氏	力几	即里	楚危	徂兮	綏	卑履	芳非	符非	武悲	萉或作蘈。述一讀若柗。又若郅。
	囗	火	回	古兮	夔	危	夂	豕		二	利		妻	辠	息遺	飛	(配)	比	美	配從己聲。妻小徐屮聲。巋讀若費。
	羽非	呼果	戶恢	皆	渠追	魚爲	陟侈	式視		而至	力至		七稽	徂賄	死	非	滂佩	毗二	無鄙	颲讀若栗。垐古文作堲。
	伊	虫	惠	古諧	臾		黹	尸			耒				息姊	甫微		閟	枚	伊一本尹聲。顡又讀若𦒱。
	於脂	許偉	胡桂	幾	求位		陟几				類				師			符未	莫杯	禮古文作礼。
	位	希	(褱)	居衣	開		氐	式脂			盧對				疏夷				米	敉讀若弭。褱從眔聲。
	于備	香衣	戶乖	鬼	苦哀		丁禮	水			豊				衰				莫禮	蚳古文作𧊒。開小徐幵聲。
	𠂤	靁		居偉	甶		自	式軌			盧啓				蘇禾				𢼸	敳讀若豤。帥或作帨。𦢊或作膟。
	衣	虛器		几	苦對		都回				履				厶				無非	犀從辛聲。𥝌小徐爪聲。
	於希			居履	衄						良止				息夷				尾	威小徐戌聲。委小徐禾聲。逶或作蟡。
	畏			癸	苦壞						磊				綏				無斐	玭夏書作蠙。

灰部

尉	居誄	落猥	息利
於胃		戾	屖
䍃		鎰	先稽
羊至		郎計	彗
夷		雷	徐醉
以脂		魯回	帥。
威			所律
於非			
委			
於詭			
医。			
於計			

韻／聲	陽聲痕魂部上						
影	㐆	ㄣ	於謹	胤	羊晉	殷	於身
曉							
匣							
見	筋	巾	居銀	艮	古恨	斤	舉欣
溪	堇	巨斤					
疑	犾	語斤					
端	㐱	之忍	典	多殄			
透							
定	㊟辰	植鄰					
泥	刃	而振					
來							
精	薦	作甸					
清	齓	初堇					
從							
心	先	蘇前	西	先稽			
邦							
滂							
並							
明							
附注	辰從厂聲。齓小徐七聲。	毨讀若選。	西或作棲。煙或作烟。囟讀若仍。	艱籀作囏。昕讀若希。			

韻/聲	陽聲											痕魂
影	尹	(允)	準余	昷	渾烏	(圓)	權王	壹	云於	云	分王	㕣
曉	熏	云許	昏	昆呼								
匣	圂	困胡										
見			君	軍	云舉	釁	昆	蚰	魂古			
溪	蠢	本苦	困	倫去	困	閟苦	坤	昆苦				
疑												
端	屯	倫陟										
透	舛	竞昌	川	穿	緣昌							
定	盾	順。	閏食	𦎫	倫常	屁	豚	魂徒				
泥												
來	侖	屯力										
精	尊	昆祖										
清	寸	困倉										
從	(存)	尊徂										
心	飧	孫	魂思	(專)	允思							
邦	分	文甫	奮	糞	問方	本	忖布	豩	貧伯	(賁)	義彼	
滂												
並												
明	文	分無	門	奔莫	免	辯莫						
附注	存從才聲。蜦或作蜧。讀若蕢。	允從目聲。	昏一曰民聲。莙讀若威。	媪讀若奧。穳讀若靡。	盾小徐厂聲。隼即雖隹聲。	員從口聲。杶古文作杻。	昆小徐比聲。琨或作瓊。	蛙小徐讀若幡。賁從卉聲。				

部下												
以轉												

韻╲聲	入聲 曷末											
影	乙	烏轄										
曉												
匣												
見	介	丰	古拜	㪤	匄	古代	㔾	居例	孑	居列	𠜾	古屑
溪	桀	渠列	契。	苦計								
疑	耆	皮	五葛	埶	魚祭	臬	五結	豙	忍	魚既	乂	魚廢
端	制	征例	帶	當蓋	摯	脂利						
透	屮	丑列	屮	他達	(世)	舒制	聅	恥列	蠆	丑芥		
定			筮	時制	大	徒蓋	折	(舌)	食列			
泥												
來	剌	盧達	砅	力制	劣	良薛						
精	祭	子例										
清	察。	杀	初八									
從	(截)	昨結										
心	禼	私列										
邦												
滂												
並												
明												
附注	㞕鞊讀若騁。屮讀若徹。	截從雀聲。舌從干亦聲。	銛讀若棪。或鐮。褐讀若瘞。	銴讀若至。䢞讀若結。	世亦取卅聲。迣讀若寘。	細或作緤。摯小徐執聲。	臬小徐自聲。葢從盇聲。					

上	部
太古	

韻／聲	入聲曷末部下										
影	衛	于歲	⿰目叉	烏括	叡[illegible]	以芮	(曰)	粤	王伐	害	于濊
曉	威	許劣									
匣	會	黃外									
見	夬	古賣	歀	乇	乚	孓	居月	巜	古外		
溪	丿	衛月									
疑	月	魚厥	外	五會							
端	贅	之芮	叕	陟劣							
透											
定	奪	徒活	(兌)	大外							
泥											
來	劣	力輟	(寽)	呂戌							
精	最	祖外									
清	脃。	毳	此芮	竄	七亂						
從	絕	情雪									
心	㕞	所劣	彗	祥歲	戌	辛律					
邦	癶	北末	貝	博蓋	市	分勿	拜	博怪			
滂	癹	(朮)	普活	敗	薄邁						
並	吠	符廢	罰	伐	房越	伂	毗祭	犮	蒲撥		
明	首	蔑	模結	末	莫撥	萬	無販				
附注	最小徐取聲。	寽從一聲。讀若律。	彗古文作篲。兌從㕣聲。	⿰目叉小徐叉聲。劂讀若芮。	𢿢讀若紃。戌小徐一亦聲。	娺讀若睡。	曰從乙聲。⿰扌桼小徐桼聲。	朩从八聲。讀若輩。			

韻／聲	陰聲歌戈部上											
影	也。	羊者	乁	弋支								
曉	𠀀	虎何										
匣												
見	哥	古俄	羈	居宜	加	古牙						
溪	奇	渠羈										
疑	我	五可	義	宜寄								
端	多	得何										
透	它	託何	豕	式視	弛。	施氏						
定												
泥	(那)	諾何										
來	羅	魯何	詈	力智	麗	郎計	离	呂支	蠃	郎可		
精		𠂇	臧可	左	則箇							
清	㕚	差	初牙									
從												
心	沙	所加			(徙)	斯氏						
邦												
滂												
並												
明												
附注	沙小徐少聲。	弛或作彇。地籒作墬。	轙或作钀。	那從冉聲。	⿰女氏或作姼。鉹讀若摘。	厜讀若遟。	義墨翟書作羛。	駕籒文⿰牛各。	徙從止聲。	[illegible]讀若隸。	离小徐屮聲。	

陰聲歌戈部下

聲＼韻											
影	爲	遠支									
曉	𠤎	呼跨	隓	許規							
匣	禾	戶戈	䬙	胡瓦							
見	冎	古瓦	果	古火	戈	古禾					
溪	午	苦瓦	科	苦禾	虧	去爲					
疑	臥	吾貨	瓦	五寡	囮。	五禾					
端	朵	丁果									
透	吹	昌垂									
定	𠂹	是爲									
泥											
來	蓏	郎果	厽	力軌							
精											
清											
從	坐	徂臥									
心	貨	惢	蘇朱								
邦											
滂											
並	罷	薄蟹									
明	麻	莫遐									
附注	靡讀若渳。𠂹古文作物。	囮或作圝。邇讀若住。	蓏小徐㼌聲。䝐讀若貴。	[illegible]讀若骫。	虧從雐聲。						

韻／聲	陽聲											寒桓
影	焉	有乾	㫃	於幰	安	烏寒	衍	以淺	燕	於旬	晏。	烏諫
曉	䲨	朽正	仚	呼堅	厂	呼旱	[illegible]	許建				
匣	閑	候艱	寒	胡安								
見	建	居萬	干	古寒	肩	古賢	見	古旬	間	古閑	姦	古顏
溪	𢆉	去虔	看	苦寒	侃	空旱	肙	去衍	[illegible]	渠焉		
疑	虤	五閑	[illegible]	牛建	巘。	魚列						
端	㠭	知衍	丹	都寒	旦	得案						
透	延	丑連	灘	式連	扇	式戰						
定	善	常衍	虘	直連								
泥	肰	如延	㞋	人善	[illegible]	那干	鋻	尼見				
來	連	聯	力延	聱	力展							
精	贊	則旰										
清	羼	初限	[illegible]	七然								
從	前	昨先	奴	牀	戔	昨干	孱	士連				
心	跣	蘇典	删	所姦	㪚	蘇旰	次	敘連	山	所間	鱻	相然
邦												
滂												
並												
明												
附注	瓊或作璚瓗。䲨或作鐳。趱讀若繘。	延從丿聲。	虘從虍聲。罨從囟聲。遷籀作拪。	犛讀若斯。覞讀若鎌。	難從堇聲。顅或作鬜。	嵼讀若殺。	憲從害省聲。衍小徐行聲。	衛小徐衒省聲。	虔從文聲。讀若矜。			

部上	
延	東
以然	古旱
	繭
	古典

韻／聲	陽聲											寒桓
影			爰	羽元	夗	於阮	冤	於袁	(肙)	烏緣		
曉	吅	況袁	奐	呼貫	[illegible]	況晚						
匣	閔	胡畎	雈	丸	(寬)	胡官	幻	胡辨	宦	胡慣	縣	胡涓
見	肩	居倦	盥	古玩	毌	官	古丸	く	姑泫			
溪	犬	苦泫										
疑	元	原	邍	愚袁								
端	耑	多官		(叀)	職緣	孨	旨兗					
透	彖	通貫										
定	斷	徒玩	瑞	是僞								
泥	[illegible]	(耎)	而兗	奻	女還							
來	䜌	呂員		𤔔	郎段	卵	盧管					
精												
清	爨	七亂										
從	雋	祖兗	全	泉	疾緣	[illegible]		[illegible]	士戀			
心	旋	似沿	羨	似面	𣏟	筭	蘇貫	算	蘇管	亘	須緣	
邦	班	布還	半	博幔	反	府遠	𠦒	般	北潘	辡	方免	
滂	癶	普班	片	匹見		娩	㝃	芳萬				
並	釆	蒲莧	番	棥	煩	(緐)	附袁	便	房連	弁	皮變	扶
明	(曼)		無販	㒼	萬	母官	宀	緜	劵	武延	面	彌箭
附注	元一本兀聲。曼從冒聲。	耎從而聲。[illegible]或作甎。或作甎。	雈讀若和。[illegible]讀若攜。	萈從苜聲。[illegible]讀若縳。	[illegible]小徐曼聲。璊或作玧。讀若釁。	緐從每聲。[illegible]讀若捶。	鑴讀若瀸。柈讀若普。	く古文作甽。貫小徐貝聲。	肙從口聲。	[illegible]讀若膜。[illegible]或作鯿。	[illegible]讀若龔。叀從屮亦聲。	

部　下

薄罕												

陰聲齊部上

韻＼聲	影	曉	匣	見	溪	疑	端	透	定	泥	來	精	清	從	心	邦	滂	並	明	附注
	厂	盤	兮				只		是	兒			此		㊁斯					斯從其聲。柴古文作蒒。
	余制	呼雞	胡雞				諸氏		㊁氏	汝移			雌氏		息移					厥⿰巾虒讀若移。
			乁				支		承旨											芰杜林作茤。
			胡礼				巵													⿺走虒視讀若池。睼讀若瑱。
							章移													氏從乁聲。視或作鞮。鶃司馬相如作䳩。
							知													鶃或作鷊。潛讀若[illegible]。
							陟离													

韻＼聲	陰聲齊部下											
影												
曉												
匣	[illegible]	戶圭										
見	丫	工瓦	乖	𠦬	古懷	規	居隨	圭	古畦			
溪												
疑												
端												
透												
定												
泥												
來												
精												
清												
從												
心												
邦	(卑)	補移										
滂												
並												
明	羋	緜婢										
附注	巂從冏聲。嶲讀若隓。纗讀若畫。又讀若維。	[illegible]讀若罷。庳或讀若逋。	卑從甲聲（小徐無聲字）。	蠵司馬相如作[illegible]。		嫢讀若癸。鬹讀若媯。規小徐見聲。		哇讀若醫。烓讀若冋。蘳讀若壞。				

入聲錫部上

聲╲韻						
影	益	伊昔	易	羊益		
曉	閴	許激				
匣	覡	胡狄				
見	彀	古歷	解	佳買		
溪						
疑						
端						
透	彳	丑亦				
定	豸	池爾	鷊	宅買	(狄)	徒歷
泥						
來	鬲	[illegible]	秝	郎激		
精	脊	(迹)	資昔			
清	册	楚革	朿	七賜		
從						
心	析	先激				
邦						
滂						
並						
明						
附注	析小徐斤聲。摘或作搱。	迹從亦聲。	鬄或作髢。[illegible]或作融。狄從亦省聲。			

入聲錫部下

韻／聲											
影	役	營隻									
曉											
匣	畫	胡麥									
見	狊	古闃									
溪											
疑											
端											
透											
定											
泥											
來											
精											
清											
從											
心											
邦											
滂	𣏟	𠂢	四卦								
並	辟	父益									
明	賣。	莫避	買	莫蟹	冂	糸	莫狄	鼏	莫獲		
附注	狊小徐目聲。	𠂢讀若稗。	買小徐貝聲。		[illegible]或作蜜。						

韻／聲	陽聲青部上											
影	盈	[illegible]	以成	賏	烏莖							
曉												
匣	幸	胡耿										
見	敬	居慶	幵	古賢	耿	古杏						
溪	磬	苦定										
疑												
端	正	之盛	貞	陟盈	鼎。	都挺	丁	當經				
透	𡈼	他鼎										
定												
泥	寍	奴丁										
來	霝	郎丁										
精	爭	側莖	井	子郢	晶	子盈						
清	青	倉經										
從												
心	省	所景	觲	息營	生	所庚						
邦												
滂												
並												
明												
附注	贏從鼠聲。[illegible]讀若秩。	鐵古文作銕。	𥄫讀若攜。栞讀若刊。[illegible]讀若[illegible]。		耿從烓省聲。							

韻／聲	陽聲青部下											
影												
曉												
匣	熒	戶扃										
見	冂	古熒	炅	古迥								
溪	頃	去營										
疑												
端												
透												
定												
泥												
來												
精												
清												
從												
心												
邦												
滂	甹	普丁										
並	平	符兵										
明	名	武并	鳴	武兵								
附注	熒一讀若袾。鎣讀若銑。		炅小徐日聲。									

聲＼韻	陰聲											
影	畀	以諸	与	與	予	余呂	羽	雨	禹	王矩	烏	哀都
曉	虍	荒烏	虎	呼古	而	呼訏						
匣	下	夏	胡雅	互	胡誤	乎	壺	戶吳	米	華	互瓜	癸
見	古	鼓	兆	蠱	●	●	公戶	叚	舁	古雅	䀠	九遇
溪	巨	具呂	凵	去魚			豦	強魚	庫	苦故	虞	其呂
疑	牙	五加	吳	五乎	圉	魚舉	魚	語俱	五	午	疑古	御
端												
透	庶	商署	兎	湯故	鼠	書呂	土	乇魯	処	昌與	車	尺遮
定	社。	常者			圖	同都	宁	直呂				
泥	女	尼呂	奴	乃都	如	入諸						
來	●	鹵	郎古	旅	呂	力舉						
精	且	子余										
清	初	楚居	麤	倉胡								
從												
心	疋	所菹	卸。	司夜	素	桑故						
邦	夫	甫無	巴	伯加								
滂	普	滂古										
並	步	薄故	父	扶雨								
明	莫	模故	巫	橆	毋	武扶	馬	莫下	武	文甫		
附注	魯從蘽省聲。壻讀與細同。楈讀若芟。	涸讀若貈。豦讀若蘮。	莫小徐嵩亦聲。普小徐竝聲。	舞古文作翌。撫古文作辶。	沓籀作夌。圖小徐啚聲。			羖股皆從殳聲。奴小徐又聲。			䀠讀若拘。瞿讀若句。躣讀若勖。	

模部

于 乎加 劢 牛據 舍	邗又讀若區。
羽俱 戶 古乎 始夜	扈古文作屶。庿讀若陌。
亞 侯古 瓜	
衣𪆁 古華	
寡	
古瓦	
凥	
居	
九魚	

入聲鐸部上

韻／聲												
影	亦	睪	羊益									
曉	叡	呼各	赫	呼格								
匣												
見	各	古洛	丮	几劇	[illegible]	紀逆						
溪	谷	其虐	貟	起戟								
疑	屰	魚戟										
端	隻	炙	之石	乇	陟格							
透	乇	丑略	尺	赤	昌石							
定	射	食夜	石	常隻								
泥	若	叒	而灼									
來												
精												
清	舄	七雀										
從	乍	鉏駕										
心	索	蘇各	昔	思積	夕	席	祥易					
邦												
滂												
並												
明												
附注	索小徐糸聲。		[illegible]讀若冪。		戟從軓聲。讀若棘。	席小徐庶省聲。						

入聲鐸部下

影	曉	匣	見	溪	疑	端	透	定	泥	來	精	清	從	心	邦	滂	並	明	附注
蒦	霍		𩫏												百	䨣	白		蒦或作彠。籗或作篧。
乙虢	呼郭		古博												博陌	匹各	旁陌		狛讀若蘗。䨣小徐革聲。
			●							路○									虢從寽聲。臒讀若隺。
			古伯							落故									
			矍																矍讀若慮。
			九縛																

韻／聲	陽聲唐部上											
影	羊	昜	與章	央	於良							
曉	皀	香	許良	亯	許兩	向	許諒					
匣	行	戶庚	杏	何梗								
見	黃	居慶	[illegible]	庚	古行	京	舉卿	亢	古郎	畕	畺	居良
溪	諻	競	渠慶	慶	丘黃	弜	其兩					
疑	卬	伍岡										
端	章	諸良										
透	鬯	丑諒	昌	尺良								
定	上	時掌	丈	直兩								
泥	[illegible]	女庚										
來	网	良奬										
精	葬	則浪										
清	刅	楚良	倉	七羊								
從	匠	疾亮	爿	疾羊								
心	爽	疏兩	相	息良	桑	息郎	象	徐兩				
邦												
滂												
並												
明												
附												
注	皀讀若馰。		杏從可省聲。		桑小徐叒聲。							

韻／聲	陽聲唐											
影	王	雨方	尢	烏光	永	于憬						
曉	兄	許榮										
匣	皇	㞷	戶光									
見	[illegible]	居況	囧	俱永	光	古皇						
溪												
疑												
端												
透												
定												
泥												
來												
精												
清												
從												
心												
邦	兵	補明	秉	丙	兵永	方	匚	府良				
滂												
並	彭	薄庚	竝	薄迥								
明	[illegible]	模朗	皿	武永	明	武兵	网	文紡	朢	無放	亾	武方
附注	彭從彡聲。				彉讀若郭。	瓬讀若抵。					[illegible]讀與撫同。	

下部

黿　杳莫

韻/聲	陰聲											
影	瘐	以主	俞	臾	羊朱							
曉												
匣	後	㫗	后	胡口	侯	乎溝						
見	(句)	古侯	冓	古候								
溪	口	苦后	具	其遇	寇	苦候	區	豈俱				
疑	偶	牛俱										
端	鬥	都豆	晝	陟救	豈	中句	丨	知庾	主	枓。	之庾	朱
透	戊	傷遇										
定	几	市朱	豆	徒候	務	常句	豎	大口	斲。	竹角	投。	度侯
泥	乳	而主										
來	扁	盧后	[illegible]	盧候	婁	洛侯						
精	走	子苟	奏	則候								
清	芻	叉愚	取	七庾								
從												
心	須	(需)	相俞									
邦	付	方遇	頫	方矩								
滂												
並												
明												
附注	句從丩聲。絇讀若鳩。	需從而聲。㔷從丙聲。	腧一讀若紐。頫小徐逃省聲。	姁讀若齲。獳讀若耨。								

侯部

章俱	兜	當侯	斗	當口								

陰聲

韻＼聲	影	曉	匣	見	溪	疑	端	透	定	泥	來	精	清	從	心	邦	滂	並	明	附注
	攸	休		告	丂		祝	討	毒	肉	牢	爪	艸	曹	蒐	彪	孚	(复)	牟	毒小徐毒聲。古文作𥫭。
	由	許尤		古奧	苦浩			他皓	徒沃	如六	魯刀	蚤	倉老	昨牢	所鳩	甫州	芳無	房六	蟲	䌛讀若燒。孚讀若彊。
	以周	好、		丩	凷		之六	尗	逐	夒	翏	側狡		就	叜	缶	蠹	勹	矛	赳讀若鐈。椒讀若髦。
	幼	呼皓		古蚪	咎		周	式竹	直六	奴刀	力救	早		疾僦	蘇后	方九	芳遇	薄皓	莫浮	咎小徐各聲。䅗讀若項。
	伊謬	瞿		臼	其九		舟	守	(㔾)		老	棗		酋	肅	缶		阜	目	廟古文作庿。孰從𦎫聲。
	丝	許救		居玉	求		州	首	殊六		盧皓	子浩		字秋	夙	保。		䀠	莫六	牢小徐冬省聲。懮讀若驫。
		孝。		殽	巨鳩		職流	手	讎		流	龝			息逐	博抱		房九		龝小徐龜聲。麀小徐牝省聲。
	麀	呼教		居又	馗		盩	書九	市流		劉	(焦)			囚	彪				焦從雥省聲。噍或作嚼。譙古作誚。灑讀若勦。
	𢝊			簋	弁		張流	臭	卣		力求	卽消			汓	必彫			冃	𢝊小徐頁聲。
	於蚪			居湆	渠追		鳥	尺救	徒遼		六				似由	勹			冒	复從畐省聲。稃讀若糾。
	牖			韭			都了	夲	[illegible]		力竹				秀	包			莫報	牖小徐甫聲。臯從臬省聲。
	𢁫			九			肘	土刀	直由						息救	布交			(冒)	[illegible]又從又聲。𢁫或作䛻。古文爲美。

蕭部

酉	舉友	陟柳 畜 道	埽。 [illegible]	莫卜	畱或作[illegible]。 舀或作抭航。
與久	匊	竹 丑六 徒晧	蘇老 甫蚪	戊	㦿從采聲。 奧從𢍏聲。
舀。	居六	陟玉 丑 [illegible]	𢍏 報	莫候	牡從土聲。 𡒄古文作㘿從采聲。
以沼	臯	帚 敕九 直遙	所六 博號	卯	
[illegible]	古勞	支手	[illegible]	莫飽	
烏告	夰		似又	[illegible]	
	昦			莫厚	
	古老				

韻／聲	入聲屋部							
影	屋	烏谷						
曉								
匣								
見	玨	角	古岳	谷	古祿			
溪	局	渠錄	肯	苦江	曲	丘玉		
疑	玉	獄	魚欲					
端	畀	之戍						
透	亍	丑玉	束	書玉	禿	他谷	豖	丑六
定	蜀	市玉						
泥	辱	而蜀						
來	彔	鹿	盧谷					
精	足	即玉						
清								
從	族	昨木						
心	粟	相玉						
邦	卜	博木						
滂								
並	屡	皮卜	[illegible]	蒲沃				
明	木	莫卜						
附注	嫗讀若倨。	獄小徐言聲。媡讀若數。	嚳讀若箏。嫢讀若構。鬖讀若庫。	芙從奴聲。鴿或作鵠。				

韻／聲	陽聲東部							
影	用	余訟	庸	𩫏	容	余封	邕	於容
曉	凶	許容	兇	許拱				
匣	巷	胡絳						
見	公	工	古紅	[illegible]	居竦			
溪	共	渠用	孔	康董	鬨	渠容		
疑								
端	東	得紅						
透	舂	書容	充	昌終				
定	同	徒紅						
泥	宂	軵	而隴					
來	弄	盧貢						
精								
清	囪	楚江						
從	从	疾容						
心	送	蘇弄	雙	所江	竦	息拱		
邦	封	府容						
滂	豐	敷戎	丰	敷容				
並								
明	冡	[illegible]	莫紅	尨	莫江			
附注	襱或作襩。訟古文作䛦。	艐讀若辠。鏦或作錄。	充從育省聲。夅讀若[illegible]。	容小徐谷聲。[illegible]讀若馮。	竦小徐東亦聲。	軵讀若胥。		

聲＼韻	陰聲豪部									
影	窅	杳	巳	皛	烏皎	幺	於堯	覞	弋笑	夭	於兆
曉	囂	許嬌	虓	呼訝							
匣	諕	乎刀	爻	胡茅	号	胡到	顥	胡老			
見	教	古孝	高	古牢	杲	古老	梟	㬎	古堯	交	古爻
溪	喬	巨嬌									
疑	敖	五牢	垚	吾聊							
端	翟	都校	刀	都牢	弔	多嘯	釗	止遙			
透	㊣少	書沼	叟	土刀							
定	兆		肁	治小			盜	徒到			
泥	褭	奴鳥	匘	奴皓							
來	尞	力照	勞	魯刀	料	洛蕭	了	盧鳥			
精											
清											
從	巢	鉏交									
心	小	私兆	喿	蘇到							
邦	表	陂嬌	猋	票	甫遙						
滂											
並	受	平小									
明	苗	武鑣	毛	莫袍							
附注	少從丿聲。訬讀若毚。褭小徐馬聲。		橾讀若藪。肁小徐聿聲。	釗小徐金聲。牧讀若滔。	祒讀若雕。	號小徐虎聲。飆或作颮。					

入聲沃部

聲／韻	影	曉	匣	見	溪	疑	端	透	定	泥	來	精	清	從	心	邦	滂	並	明	附注
入聲沃部	龠		隺			虐	卓	皀	翟	尿		雀		丵				暴	皃	丵讀若浞。敫讀若叫。
	敫		胡沃			魚約	竹角	丑略	羅	奴弔		爵		士角				薄報	莫教	臬讀若薄。暴古文作𤓽。
	𡵉					樂	勺		徒歷	弱		即略								𡵉小徐之省聲。[illegible]讀若惄。
	以灼					五角	之若			而灼										
										休										
										奴歷										

陽聲冬部

聲＼韻						
影						
曉						
匣	夅	下江				
見	船	居戎				
溪						
疑						
端	中	陟弓	衆	之仲	冬	都宗
透						
定	彤	徒冬	蟲	直弓		
泥	(農)	奴冬	戎	如融		
來						
精	宗	作冬				
清						
從						
心	宋	蘇綜				
邦						
滂						
並						
明						
附注	宋小徐木聲。農從囟聲。	彤小徐彡亦聲。	沖讀若動。蝕讀若同。	船或作躬。營或作芎。桻讀若鴻。	宋讀若送。	

聲＼韻	陰聲											
影	右。	又	于救	友	云久	郵	羽求	𦣞	與之	毐	遏在	以
曉	[illegible]	許其	喜	虛里	灰	呼恢						
匣	亥	胡改										
見	其	丌	居之	久	舉友	龜	居追	己	居擬	改。	古亥	
溪	丘	去鳩										
疑	牛	語求	[illegible]	語其	晉	魚紀						
端	止	諸市	等	多肯	之	止而						
透	態	他代										
定	臺。	徒哀										
泥	耳	而止	而	如之	彨。	奴代						
來	來	洛哀	里	良止								
精	再	作代	茲	子之	宰	作亥	巛	祖才	甾	側詞	子	即里
清	采	倉改										
從	士	鉏里	才	昨哉								
心	史	疏士	司	[illegible]	絲	息茲	辝	辭	似茲	巳	詳里	
邦	不	方久	畐	方美								
滂												
並	佩	蒲妹	負	婦	房九							
明	某	母	莫后	冃	莫保							
附注	[illegible]讀若沔。弭或作𢐀。	[illegible]楊雄作胏。	珛讀若畜。[illegible]從未聲。	柩籀文作匶。思從囟聲。	孴讀又若存。玖或又讀若句。	[illegible]讀若糾。	[illegible]讀又若銀。[illegible]讀若迅。	音或作[illegible]。疑從吴聲。				

咍部												
羊止	醫	於其										
齒	側詞											

入聲德部上

韻／聲												
影	啻	於力	異	羊吏	意	於記	弋	與職				
曉	黑	呼北										
匣												
見	戒	居拜	㊉革	古覈	棘	徛	亟	己力	戛	古黠		
溪	克	苦得										
疑												
端	㝵	悳	多則	戠	之弋	陟	竹力					
透	㊉敕	恥力										
定	㊉食	乘力	直	除力								
泥	㊉匿	女力										
來	力	林直										
精	則	子德	仄	矢	阻力							
清	畟	初力										
從												
心	𡨄	蘇則	飤	祥史	嗇	色	所力	㊉息	相即			
邦												
滂												
並												
明												
附注	鰂或作鯽。匿從若聲。讀如羊騶箠。暱或作昵。	啻小徐中聲。	革從臼聲。敕從朿聲。	食從亼聲。	意小徐音聲。	隲讀若郅。		息從自亦聲。				

入聲德部下

韻／聲										
影	或	于逼								
曉										
匣										
見	國。	古惑	[illegible]	古壞						
溪										
疑										
端										
透										
定										
泥										
來										
精										
清										
從										
心										
邦	皕	彼利	北	博墨						
滂										
並	𠬝	畐	伏	堛	房六	蔔	平祕			
明	麥	莫獲	牧	莫卜						
附注	淢讀若洫。閾古文作閾。	皕讀若祕。奭讀若郝。	怪從圣聲。							

韻／聲	陽聲登部上											
影	(應)	於凌	蠅	余陵	孕	以證						
曉	興	虛陵										
匣	恆	胡登										
見	弓	居戎	(兢)	居陵	巹	居隱						
溪	肎	苦等										
疑	冰	魚陵										
端	登	彝	都滕	徵	陟陵							
透	爯	處陵	升	識蒸								
定	丞	承	署陵	乘	食陵	灷	直亙	朕	直禁			
泥	乃	奴亥										
來	夌	力膺										
精												
清												
從	(曾)	昨稜										
心												
邦												
滂												
並												
明												
附注	巹讀若几。冰俗作凝。	蔆司馬相如作蘧。曾從四聲。	兢從丰聲。讀若矜。繒籀作縡。	雁從瘖省聲。或從人亦聲。	黱或作黛。							

韻／聲	陽聲登部下											
影												
曉												
匣												
見	厷	古薨										
溪												
疑												
端												
透												
定												
泥												
來												
精												
清												
從												
心												
邦	仌	筆陵										
滂												
並	朋	馮貢	凭	皮冰								
明	瞢	木空										
附注	夢讀若萌。強籀作彊。甥古作甥。	朋篆作鳳。倗鄘讀若陪。										

聲＼韻	入聲合部											
影	邑	於汲										
曉												
匣	合	侯閤										
見												
溪	及	巨立										
疑	㬎	五合										
端	馽	陟立										
透												
定	十	是執	嚞	沓		讋	眔	徒合	疊	徒叶		
泥	廿	入	人汁	㚔	尼輒							
來	立	力入										
精	㗊	阻力										
清	咠	七入										
從	集	亼	秦入	雥	祖合							
心	歰	色立	卅	蘇沓	習	似入						
邦												
滂												
並	皀	皮及										
明												
附注	㗊又讀若呶。馽讀若輒。		皀又讀若香。	㚔讀若瓠。又讀若籋。𡙞讀若晉。墊讀若摯。	習小徐㐫聲。眔小徐隶省聲。							

韻／聲	陽聲單部											
影	音	於今	尤	𡈼	余箴							
曉												
匣	咸	衘	胡監									
見	今	居音										
溪	琴	巨今										
疑	㐺	魚音										
端												
透	審	式荏	突	式鍼	闖	丑禁						
定	甚	常枕										
泥	羊	如審	男	那含	壬	如林						
來	亩	力甚	林	力尋	葴。	盧含						
精	先	側琴	兓	子林								
清	侵	七林										
從												
心	三	蘇甘	森	所今	彡	所衘	心	息林	●	所今		
邦												
滂	品	丕飲										
並	凡	浮芝										
明												
附注	顑讀若戇。禫讀若導。	歁讀若坎。㬎讀若巖。	宷小徐求省聲。讀若導。	參從彡聲。								

入聲帖部

韻/聲						
影	韡	曅		(枼)	與涉	
曉	(劫)	呼盍				
匣	盇	胡臘	劦	胡頰		
見	夾	甲	古狎	劫	居怯	
溪	(怯)	去劫				
疑	業	魚劫				
端	耴	陟葉	耴	丁怗		
透	𦐇	土盍	狧	他合		
定	涉	時攝				
泥	嵒	隶	聶	尼輒	図	女洽
來	巤	良涉				
精	帀	子荅				
清	妾	七接	西	楚洽		
從	(疌)	疾葉				
心			燮	蘇俠		
邦	貶。	㝵	方歛	法	方乏	
滂						
並	乏	房法				
明						
附注	疌從屮聲。盇小徐大聲。	曅小徐𦐇聲。狫從去聲。	虩從去聲。西小徐干聲。	狧小徐舌聲。協小徐十聲。	枼從世聲。𧭟讀若郅。	𦐇讀若濇。燮小徐炎聲。

韻╱聲	陽聲添部											
影	弇	奄	一檢	猒	於鹽	炎	于廉	焱	以冉			
曉												
匣	𢎘	呼感	臽	戶猪	弖	胡先						
見	敢	古覽	甘	古三	兼	古甜						
溪	凵	口犯	欠	去劍	竷	苦感						
疑	广	魚儉										
端	詹	占	職廉									
透	西	他念	夾	閃	失冉							
定	甛	徒兼										
泥	冉	染	而琰									
來												
精	𢦏	子廉	斬	側減								
清	僉	七廉										
從	毚	士咸										
心	芟	所銜	燅	徐鹽	毌	息廉						
邦												
滂												
並												
明	𠬸	亡范										
附注	敢篆從古聲。譀俗作𧮫。	芟小徐殳聲。弇小徐𠔁聲。	鹼讀若膽。𢎘讀若含。圅俗作肣。	耆讀若耿。箈讀若錢。啗讀與含同。	欲讀若貪。毌小徐册聲。	西讀若導。又讀若誓。茜讀若陸。	𢑏古文作讋。監古文作䁒。	棪讀若導。欻讀若忽。	𢦏讀若咸。𤵸籀作㾛。	猒或作猒。燅小徐熱省聲。		

此表仿段玉裁江有誥等諧聲表之法，取說文最初聲母（聲母，卽形聲諸文所從以得聲之字。其非最初聲母，卽可省略。如寵龍諸字從龍聲，而龍從童省聲，童從重省聲，重從東聲，則龍童重皆爲聲母，而東爲最初聲母矣。其無聲子者亦竝列之。）分列古韻二十八部。每部之字又分配古聲十九紐。紐韻相合，卽可得其本音。（每字後切語，係今音，皆省去切字。音同者卽共一切語。）蓋說文形聲字居十之七八，初學者僅記其聲母在何韻部，則全書古音皆通，卽一切文字古音與夫轉注假借之法無不通矣。是以段氏有言曰：「考周秦有韻之文，某聲必在某部，至嘖而不可亂。故視其偏旁以何字爲聲，而知其音在某部，易簡而天下之理得也。」又曰：「許叔重作說文解字時未有反語，但云某聲某聲，卽以爲韻書可也。自音有變轉，同一聲而分散於各部各韻，如一某聲，而某在厚韻，媒腜在灰韻，一每聲，而悔晦在隊韻，敏在軫韻，晦痗在厚韻之類，參差不齊，承學多疑之，要其始則同諧聲者必同部也。」然聲母祇足以定其聲子之韻部，不能確定其聲紐。定紐之術云何，章君文始略例曰：「近代言小學者，或云財識半字，便可例他，此於韻類則合，音紐猶不應也。凡同從一聲者，不皆同歸一紐，若巳㠯之聲皆在淺喉，而台胎在舌，似俟在齒，丣酉之聲喉舌殊致，而自酉出酋，乃爲齒音。九聲古今皆在深喉，而馗從九聲，篆文作逵，則在舌頭矣。八聲古今皆在重脣，而穴從八聲，則在淺喉矣。欲言諧音變古，則音異者古亦有徵，古音本綜合方言，非有恆律，轉注所因，斯爲縣象，假令考老小殊，不製異字，則老字兼有考音，其他可以類例。然則分韻之道，聞一足以知十，定紐之術，猶當按文而施，但知舌上必歸舌頭，輕脣必歸重脣，半齒彈舌讀從泥紐，齒頭破碎宜在正齒，（案此說與黃君不同。）今之字母可省者多，斯亦足矣。若以聲母作櫫，一切整齊，斯不精之論也。」表中於說文有聲無字諸文，如叡，希，爿，由，免，弅之類，各歸其本韻列出。其在許君已闕其音者，如𠙵文从棘号𢑚丂丂放林𠅍等字，亦從蓋闕。至於古籀或體，以及會意兼聲之字而說文未明言某聲者，如敗敃嬰堯悬組弢厚之類一見易知，卽不復出，以歸省併。其於形聲之字，以大徐本爲主，參以小徐之說。大小徐而外非無可采之善言，如瑞從耑聲，態從能聲，灰從又聲，差從𠂹聲之類，見於一切經音義所引，身從申省聲，見於韻會所引，盧從虘省聲，見於六書故所引。然其不可信者甚夥，又非初學所能辨，故不取焉。有大徐無聲字，而小徐有聲字，與今音比近者，如祫莊芝昔否遯糾肸斟博說諰訥奪燮睔睡嬾歔杓朏蒙桌榮室定寏冒置㪍㪊仕伇倂伍佰作俔倌儗製祁釜蓍屆屍視覓歆頪醮鬠髦觜咢咢罍馭騑骰炒絞爐逮惰懣淖漉決洄沒泐媛嫋蜺塞堅鑾鐂𣛰畦綴獸朏醬鹽諸文，則與上舉敗敃等字同類，無勞兼收。若小徐有聲字與今音不甚比近而古韻實同部，或今音雖比近而字形猝見不易辨析者，則爲之列出，以便初學。凡表中規識其旁之字皆是也。至於形聲字有與所從聲母，考之古韻，實不同部者，以音有轉變，難以類從，卽各歸其本韻書出之，而規識其外。又重文讀若及小徐有聲之字，其音之與古韻部居有不相吻合或相隔甚遠者，皆附列表下，以盡其變通之致。嚴可均說文聲類所謂「置母爲紐，必在本類，其子有往適他類者，亦有他類之子來歸本類者，以及重文讀若往來無定，既嚴其畛域，復觀其會通」是也。若規識其外之字及附注所言，有多合乎對轉旁轉之條者，亦有絕無音理可尋者，亦有初不相通，而細案之仍有脈絡可尋者。如囟在先部，從以得聲之思入咍部，而囟之或體作膟，從宰聲，則囟固有咍部之音矣。采或體作穗，在灰部，小徐從爪聲，則入蕭部，而褎或體作袖，是采固有蕭部之音矣。孶在屋部爲侯之入，讀若孳，則轉蕭部，而孳又讀若彊，則又回侯部矣。是則姚文田說文聲系有言曰：「夫許書傳世既遠，轉寫非一，其中不能無殘缺譌謬。文田嘗取北宋以前諸書有引說文者校之，則今本篆文說解其譌脫不下數千事，豈獨言聲遂無一舛。卽叔重生東漢之世，網羅篆籀，閎以時代又雜方音，故讀若兼收，異文備列，其所言聲，亦不必盡符於古。是在證之以經籍之言，然後是非明著。苟執其文而曲爲之說，則其弊又失之鑿。」章君文始略例亦云：「世人多謂周秦以上音當其字，必無譌聲，斯亦大略粗舉，失之秋豪。夫嵩從㐭聲，隊支互讀，彝從彑聲，泰脂挾取，未越弇侈之律也。乃若𦎫執雕鷻同在幽部，𦎫聲字古已入諄。奧燠薁墺本在寒部，（奧從釆聲古文墺從釆聲。）奧聲字古已入幽。至轉爲弔，輖變爲蟄，至脊亂流，幽泰交捽。此于韻理無可言者。明古語亦有一二譌音，顧其數甚少爾。」二君之言最爲通達。凡表中所載，考之於古，其有轉變出入者，學者皆宜審察明辨，心知其意，不可膠固視之也。